청소년들의 진로와 직업 탐색을 위한
잡프러포즈 시리즈 14

우리 인체가 궁금하다면

한의사

개정판

우리 인체가 궁금하다면

한의사 개정판

안수봉 지음

나라를 다스리는 어진 재상이 되지 못할 바에는
사람과 병을 다스리는 명의가 되겠다.

– 허준 許浚 –

다른 사람의 이야기를 진지하게 들어주는
경청의 태도는 우리가 다른 사람에게
나타내 보일 수 있는 최고의 찬사 가운데 하나다.

– 데일 카네기 Dale Carnegie –

C·O·N·T·E·N·T·S

한의사가 되는 방법

CONTENTS

한의학은 오랜 역사를 지닌 의학이에요.

사람의 인체를 전반적으로 치료해온

과거의 의학을 기반으로 한 학문이죠.

아주 오래전 선사시대부터 내려온 한의학은

이제 현대 한의학으로 거듭나는 중이에요.

처음 한의학을 접했을 때 동양의 신비로움 같은 것에 끌렸어요. 동양의 세계관과 과학관, 의학에 흠뻑 취해버렸죠. 그런 신비로운 매력을 가진 학문이지만 같은 이유로 과학적이지 못하다는 타이틀을 가지고 있기도 해요. 그런 고정관념에서 벗어나고자 고대 한의학은 현대 한의학으로 거듭나기 위해 부단히 노력해 왔고, 이제 시대의 요구에 따라 새로운 방향으로 나아가기 위해 힘쓰고 있어요. 현대 서양의학도 비슷한 과정을 거쳐왔지만

pose!

한계에 부딪히자 이 한계를 넘어서기 위한 노력과 시도가 지금까지도 계속 이어지고 있죠. 한의학 역시 현시대에 맞는 모습으로 탈바꿈하기 위해 계속 정진하리라고 생각해요.

한의학이 고대부터 내려왔다고 해서 무조건 고리타분한 학문은 아니에요. 모순되고 합당하지 않은 내용을 잘 걸러낸다면 현시대에서도 충분히 활용 가능한 학문이에요. 오히려 서양의학에 없는 장점도 많은 게 사실이죠. 정해진 이론을 따라왔는데도 벽에 부딪힌 서양의학의 한계들을 극복하고 싶은 분들에게 한의학을 추천해요. 하나의 소우주인 우리의 인체에 관심이 많다면 자신 있게 도전해 보세요. 한의학을 통해 새롭고 다양한 관점의 치료와 치유를 경험할 수 있어요.

첫인사

토크쇼 편집자 – 편

한의사 안수봉 – 안

편 먼저 자기소개를 부탁드려요.

안 저는 경주에서 한의원을 운영하다 현재는 창원에서 한방병원 진료원장으로 근무하고 있는 안수봉이라고 해요.

편 이 일을 하신지는 얼마나 되셨나요?

안 동국대학교 한의학과를 졸업한 게 2001년이니 한의사 면허를 가진 지 23년째가 되었어요. 그동안 쭉 이 일을 하고 있어요.

편 한의사라는 직업을 선택한 이유가 있나요?

안 여러 가지 이유가 있었지만 그중 한의학을 이용해 아픈 사람을 치료하고 싶다는 것이 가장 기본적인 이유였어요. 학문 자체에 매료되기도 했지만 그건 부수적인 이유였고, 아픈 사람을 직접 보고 한의학적인 방법으로 치료할 수 있다는 것이 이 길을 선택한 가장 큰 이유였다고 할 수 있어요.

편 이 직업을 프러포즈하는 이유는 뭔가요?

안 한의사는 매력적인 직업이에요. 이 일은 우리가 사람을 보는 관점이 다양할 수 있다는 것을 알려주죠. 그리고 이런 다양한 관점으로 환자를 치료할 수 있고요. 그렇다고 해서 검증

되지 않은 이상한 방법까지 동원해 치료한다는 건 아니에요. 관점을 다양하게 해서 치료하되 합당하고 과학적인 방법을 사용해야 하죠.

또 개체성을 중시하는 의학이라 환자 개개인의 체질을 중시하며 그 특성에 맞게 치료하고 있어요. 어느 증상에는 어느 치료법이라고 정해놓고 한 가지 방법으로 치료하는 게 아니라, 환자에 따라 혹은 같은 환자라 하더라도 환자의 상태에 따라 다른 치료법으로 접근해 볼 수 있다는 것이 이 일의 큰 매력이에요.

많은 청소년들이 이런 매력과 장점을 알고 이 일에 관심을 가졌으면 좋겠어요. 제가 청소년이었을 때만 해도 직업에 관한 정보가 거의 없었어요. 직업에 대한 추상적인 이미지만을 보고 어떤 일인지 혹은 내가 하고 싶은 일인지 판단해야 했죠. 그런 시절을 겪었던 사람으로서 지금의 청소년들에게 한의사라는 직업만큼은 소개할 책임이 있다고 생각해요.

다가올 미래를 계획하는 학생들에겐 한의사의 세계를 보여주고 그들이 구체적인 꿈을 꿀 수 있게 도움을 주고, 한의사의 꿈을 이미 키워나가는 학생들에겐 실제적으로 도움이 되는 정보를 알려주고 싶어요.

한의사라는 직업에 대해 소개해 주세요.

편 한의사라는 직업에 대해 소개해 주세요.

안 한의사는 한의학이라는 학문을 기반으로 의료행위를 하며 환자가 정상적인 상태로 돌아갈 수 있도록 치료하는 사람을 말해요.

보통 한의학이라고 하면 지금의 현대 한의학을 생각해요. 그런데 이 한의학은 고대부터 발달해 내려온 의학이에요. 과거 한의학에서는 인체의 구조 등을 설명할 때 고대 문자를 사용했어요. 현대로 와서 당시 사용했던 문자로 지금의 우리 몸

광제비급

을 설명하려니 호환이 되지 않는 경우가 많았죠.

그런 용어의 개선부터 발전한 과학과의 접목 등 현대 한의학은 계속 변화 중이에요. 변화되고 발전된 현대 한의학을 통해 환자를 진단하고, 치료하며 우리 인체가 제 기능을 하도록 의료행위를 하는 사람이 바로 한의사예요.

언제부터 이 직업이 생겼는지 궁금해요.

편 언제부터 이 직업이 생겼는지 궁금해요.

안 중국의 고대 의학이 우리나라에 전해진 것은 고조선 이후 한사군 시대부터예요. 특히 낙랑군^{중국의 한무제가 서기전 108년 동이의 조선 지역에 설치한 군}이 중국과 밀접하게 문화교류를 했는데, 의학 역시 낙랑군을 통해 전파되어 온 것으로 보고 있어요.

그러나 중국의 고대 의학이 전해지기 이전에도 우리나라에서는 이미 원시의약^{原始醫藥}이 발달되어 있었으며, 고조선시대부터 돌침술과 뼈침술 등이 행해지고 있었죠. 오히려 우리나라에 좋은 약재들이 많이 생산되고 있어서 약물을 이용한 치료법이 발달되었고, 이는 중국은 물론 일본에까지 전파된 것으로 알고 있어요.

조선시대에 들어와서는 독자적인 의약학 수립을 위한 연구가 진행됐어요. 의학 연구의 기틀이 어느 정도 잡히자 이를 우리 한민족의 민족의학으로 승화시키고자 선조 때 내의원^{조선시대 궁중의 의약을 맡은 관청}에 편찬국을 설치하고 의학서인 『동의보감』^{1610년 허준이 지은 의서}을 편찬하죠. 그러다 조선 말기, 일본의 말살정책^{1930년대 일제가 한국인의 민족의식을 말살하고자 한 정책}과 서양의학의 유입으로

조선시대 약재시장

조선시대 약제실

한의학이 쇠퇴했지만 사상체질의학^{사람들을 체질적 특성에 따라 태양 · 태음 · 소} 양 · 소음의 네 유형으로 나누고 그에 따라 병을 진단하고 치료하는 우리나라 고유의 체질의학을 발명 한 위대한 의학자, 이제마가 나오기도 했어요.

광복 이후 한의사 제도가 도입되고 한의과대학이 설립되 자 다시 한의학 연구가 활기를 띠기 시작했어요. 1970년대는 한의학이 국제적으로 확산되던 시기였는데 이에 편승해 우리 나라 한의학도 알려지기 시작했죠. 지금은 서구에서도 한의학 을 연구하고 있으며 동서양 의학을 접목해 제3의 의학 탄생을 바라보고 있어요.

동의보감

이 책은 원래 1596년(선조 29)에 태의(太醫) 허준이 왕명을 받아 찬집하였는데, 정유재란으로 일시 중단되었다가 그 뒤 선조가 허준에게 다시 명하여 계속 편집하도록 하였으며, 내장방서(內藏方書) 500권을 내주어 고증하게 하였다.

허준이 전심전력하여 1610년에 마침내 완성하자, 왕은 곧 내의원에 명하여 인출(印出), 널리 반포하게 하였다.

편 중국과 일본의 의학은 현재 어떤 상황인가요?

안 중의학수천 년 동안 전해 내려오는 중국의 고유 의학은 마오쩌둥毛澤東, 중국의 정치가의 문화혁명 때 말살정책으로 인해 핍박을 받았어요. 마오쩌둥의 유물론적 세계관은 중의학을 뜬구름 잡는 학문으로 치부했죠. 그렇기에 지금의 중의학은 잿더미에서 시작했다고 볼 수 있어요. 굉장히 어려운 상황에서 낮은 수준으로 시작했는데 최근에는 노벨의학상을 받는 수준까지 올라갔죠. 중의학에서 사용하는 중약중국에서 한약재를 일컬어 사용하는 말은 중의사는 물론 의사도 공용으로 사용한다고 하고요.

일본의 경우 직업은 없어졌는데 학문은 남아있어요. 항생제나 진통제 등이 환자에게 무리가 간다고 보일 때는 한약을 사용하기도 해요. 실제 일본 의사들의 한약 처방률은 높아요. 한국에서는 한약의 제형에 따라 여러 형태의 처방을 하고 있으며, 한의사의 처방을 통해 나가고 있죠.

한의사는 구체적으로 어떤 일을 하나요?

편 한의사는 구체적으로 어떤 일을 하나요?

안 한의사는 한의학적 치료 원리에 따라 환자들을 치료하고 있어요. 구체적으로 한약을 만들고 침을 이용해서 질병을 다스리는데, 환자의 상태에 따라 한약재를 처방해서 약으로 달이거나 침, 뜸, 부항, 물리치료 등을 사용해서 치료해요. 한의학에서는 질병의 원인을 우리 몸의 저항능력 저하라고 보고 있기 때문에 치료도 저항능력을 높이는 방법이 많아요.

한의사라고 해서 치료를 하는 데 있어 무조건 한의학적인 방법을 동원하고 한의학 도구를 사용해야 한다고는 생각하지 않아요. 과학적인 근거든, 다른 어떤 합당한 근거든 합리적인 근거가 있다면 상황에 따라 생물학적인 치료나 양리학적인 치료도 가능하다고 보거든요. 최근에는 초음파 진단기, 혈액 검사기, X-선 진단기, CT, MRI 등 다양한 진단기를 사용하는 한방의료기관도 늘고 있죠. 제가 근무하고 있는 한방병원 역시 다양한 진단기기를 통해 진단을 하는 진료 활동을 하고 있어요.

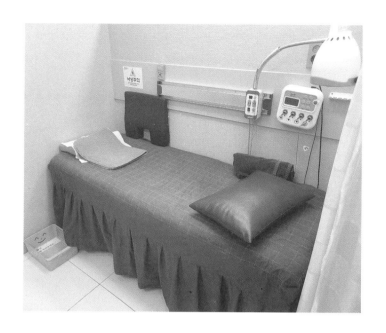

한의사도 진료 분야가 나누어져 있나요?

▣ 한의사도 진료 분야가 나누어져 있나요?

▣ 한의학과에 입학해서 6년 과정을 거치고 졸업한 후에 국가고시에 합격하면 한의사 면허가 나와요. 양방 의사도 그런 식으로 면허가 나오고요. 면허 취득 후 수련의 과정을 거치기도 하는데 이 과정을 거치면 전문의 자격증을 취득할 수 있어요. 수련의 과정은 일반수련의 1년, 전문수련의 3년 과정이며 내과(간심비폐신의 ^{오장육부 중 오장에 해당하는 肝心脾肺腎} 5계 내과), 침구과, 부인과, 소아과, 사상체질과, 오관과(안이비인후과), 신경정신과와 같은 분과로 나누어져 있어요. 모든 한의사가 전문의 과정을 이수하는 건 아니지만 많은 인재들이 전문의가 되기 위해 이 과정을 거치고 있어요.

교육을 받다 보면 본인이 잘하거나 유독 흥미 있는 과가 있을 수 있잖아요. 그런 경우 나중에 그 과목을 전문으로 하는 전문의가 될 수 있죠.

편 한의사님도 주로 연구하거나 주력으로 진료하는 분야가 있나요?

안 한약 처방에 관심이 많아요. 잠깐이지만 대학원의 방제학 교실에서도 공부를 했고요. 의술의 목적이 치료에 있다면 치료의 방법 중 하나가 처방이에요. 한약은 병의 이름에 따라 처방하는 게 아니에요. A라는 약을 어떤 환자에게 처방했더니 특효가 나타났다고 해서 그걸 다른 환자에게 그대로 사용할 수는 없죠. 우리의 몸과 상태는 사람마다 다 다르기 때문이에요. 병명이 같아도 환자의 증세에 따라 다른 약을 처방하기도 하고, 같은 처방으로 다양한 환자들의 각기 다른 질병을 치료하기도 하죠. 그런 사실이 흥미로워서 처방학을 공부하고 있어요.

환자의 병을 진단하는 데에는 다양한 방법이 있는데 저는 그중에서도 촉진_{손의 감촉으로 통증 및 이상 부위를 찾아내는 진단 행위}과 복진_{한방진단에 있어서의 사진법 중의 하나로 복부의 촉진을 이르는 말}을 선호해요. 말로 듣는 정보도 중요하긴 한데 환자가 본인의 증상을 얘기하다 보면 왜곡되는 경우가 많거든요. 직접 환자를 마주하고 진찰하는 게 더 효과적이라고 생각하기 때문에 이와 관련된 진단 근거를 마련하는 것을 주로 공부하고 있어요.

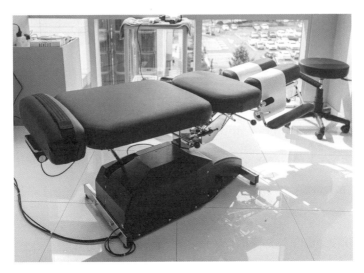

전동 추나 베드

편 연륜이 쌓이면 진맥도 더 잘 짚나요?

안 진맥에 대한 기초적인 정보는 한의사라면 이미 머릿속에
다 있거든요. 환자들을 마주하면 몸의 상태를 계속 살피며 증
상을 확인하고 머릿속에 있는 데이터베이스와 비교해가며 진
맥을 해요. 이렇게 진맥을 한 결과와 환자의 증상, 다른 진찰
상황을 종합적으로 판단하여 처방까지 하는 진료를 하고 있
죠. 즉 진맥은 처방을 위해 하는 것이라 건강 상담 등의 목적

으로 할 때는 거의 참조 정도라고 보면 될듯해요. 아무래도 진료의 경험이 쌓이게 되면 환자를 볼 때 처음의 상태와 치료 과정, 결과까지도 예상이 돼서 어느 정도 알고 진행한다는 장점이 있어요. 비슷한 증상의 환자가 올 경우 어떤 치료가 가장 나을지 어떤 과정으로 개선될지 파악이 쉽고요.

한의사가 사용하는 의료기기는 뭐가 있을까요?

편 한의사가 사용하는 의료기기는 뭐가 있을까요?

안 한의사가 전용으로 쓰는 의료기기로는 침과 뜸, 부항, 약침, 추나 테이블처럼 치료에 직접 사용하는 도구가 있죠. 환자의 상태를 진단하기 위한 팔강 진단기, 경락 진단기, 맥 진단기, 체질 진단기 등과 같은 기기도 있고요. 이러한 기기들은 진단할 때 참고하거나 환자에게 증상 등을 설명할 때 보조적인 수단으로 쓰이게 돼요. 이외에도 혈액 검사기, 초음파 진단기, 엑스레이 진단기, 안압 측정기, CT, MRI 같은 현대문명의 도구들도 점차 사용빈도가 늘어나고 있어요. 현대의료기기는 사용에 다소의 제약이 있으나 최근 초음파 진단기의 경우 한의사가 사용하지 못할 근거가 없다고 판단한 예로 볼 때 앞으로는 제약이 더 풀리지 않을까 생각해요.

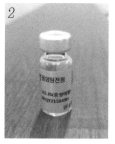

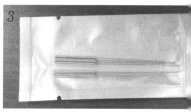

1. 한방 진단기기 양도락   2. 약침액
3. 일회용 멸균 소독 침   4. 유리 부항

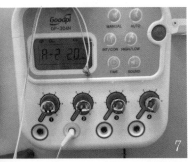
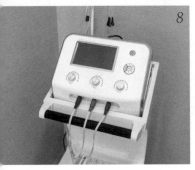
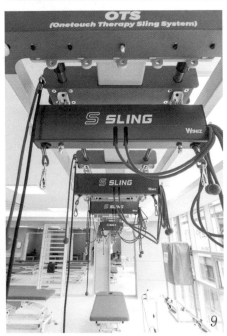

5. 전자 뜸기기 6. 전자 뜸기기 충전기 7. 전침 기기
8. 물리치료기 9. 운동치료 장치

편 한의사의 남녀 비율은 어떻게 되나요?

안 통계를 좀 찾아봤어요. 1980년대에는 여성 한의사 비율이 2퍼센트 정도로 다른 직군에 비해 낮았어요. 그런데 2000년대에 들어서면서 급격하게 늘어나 현재는 여성 한의사의 비율이 20퍼센트 정도로 높아졌죠. 앞으로도 이 비율은 꾸준히 늘 거라 보고요. 한의사 직군에 여성 한의사의 비율이 점점 높아지는 이유는 그만큼 여성 한의사들의 역할과 역량이 크게 성장해서 그렇지 않을까 짐작해요.

한의사의 수요는 많은가요?

편 한의사의 수요는 많은가요?

안 한의원의 주요 환자인 노인 인구가 계속해서 늘어나고 있고 그에 따라 수요 역시 늘어날 것이라는 전망은 있어요. 노령인구가 느는 만큼 한의사의 수요도 많아질 거라는 예측을 하는 사람도 있지만 제 생각은 좀 달라요. 현재는 노인층이 늘어나는 속도보다 한의사의 공급 배출 속도가 훨씬 빠르니까요.

편 그렇다면 정원 축소 등의 방법으로 한의사의 수를 점차 축소할 수도 있다고 보시나요?

안 이제까지 정원이 축소된 적은 없었어요. 아무래도 학문 전망에 대한 기대치가 높아서 그런 것 같아요. 저는 오히려 그렇게 꾸준히 증가하다 보니 한계치에 다다른 게 아닌가 싶어요. 현재 한의사 면허가 있는 분이 약 3만 명 정도인데, 계속해서 증가한다면 과잉이 될 수도 있지 않나 조심스럽게 예측하고 있어요. 일본에서는 치과의사 배출 조절에 실패해서 문제가 됐던 적이 있어요. 그런 사례들을 연구해 보며 우리나라의 구조에 맞는 대책을 세워야겠죠.

편 면허를 취득한 후에도 개인의 부단한 노력이 필요해 보여요.

안 맞아요. 의료 서적, 학술 세미나, 학회, 온라인 교육, 보수 교육 등을 통해 학문적인 측면에서 자기 개발을 꾸준히 해야 해요. 한의사의 경우 제도적으로 한 번 면허를 취득하게 되면 3년마다 필수적으로 갱신을 해야 하는데요. 의무이다 보니 기본 교육 이수로도 면허가 유지되지만, 환자들을 생각한다면 공부를 게을리해서는 안 되겠죠. 스스로 만족할 만큼 부단하게 노력해야 해요. 저 역시 기술과 능력을 발전시키기 위해 다양한 공부를 하고 있고, 아마 나이가 더 들더라도 계속해서 새로운 분야에 대한 도전을 할 것 같아요.

이 직업만의 매력과 장점은 무엇인가요?

[편] 이 직업만의 매력과 장점은 무엇인가요?

[안] 환자와 1:1로 대면하며 나의 세계와 상대방의 세계가 마주하게 되면서 생기는 커다란 변화가 엄청난 매력이에요. 처음 면허를 받고 진료하던 초반에는 환자의 병이 낫느냐에만 관심이 있었는데요. 요즘은 조금 달라졌어요. 내 앞에 있는 환자는 나와는 다른 존재이지만, 그 사람의 눈동자에 비친 내 모습은 나이기도 하잖아요. 그 모습을 보면서, 환자에 대해 알아가는 동시에 제 자신을 생각하는 일이 많아졌어요. 결국 환자를 치료하는 과정을 통해 나에 대해 더 잘 알게 되었죠. 게다가 진료를 통해 환자들이 나아지는 모습, 회복되는 모습을 보는 것은 매번 겪지만 또 매번 경이로워요. 바로 이런 점이 힘든 부분이 있어도 계속 이 일을 할 수 있는 원동력이죠.

[편] 한의사라고 하면 사람들 사이에서 주목도 많이 받을 것 같아요.

[안] 한의사라고 하면 이목이 집중되긴 해요. 그럴 때마다 이 일이 사람들에게 특별한 관심을 받는 일이구나 하고 생각해

요. 처음 만나는 분들은 다소 신기하다는 듯 바라보기도 하고요. 오랜 기간 알고 지내는 환자들이나 가족들, 친구들은 참 고마운 존재이며 지금의 저를 있게 해준 분들이에요. 그래서 항상 겸손한 마음을 갖고 제가 할 수 있는 범위 내에서 뭔가 챙겨 드릴 수 있거나 알려드릴 게 있다면 그러려고 노력해요.

이 직업의 단점에 대해 알려주세요.

편 이 직업의 단점에 대해 알려주세요.

안 이 일은 아픈 사람을 보살피는 일이에요. 당연히 수많은 사람들의 아픔과 고통을 반복적으로 겪어야 하죠. 고통 속에서 괴로워하는 분들에게 더 많은 도움을 줄 수 없을 때도 있어요. 굉장히 속상하지만, 그럴 때 무기력해지지 않고 의연하게 대처해야 이 일을 건강하게 이어나갈 수 있어요. 사람을 대하는 직업이다 보니 의사소통 과정에서 오해가 생기는 일도 간혹 있으니 잘 조율해야 하고요. 정신적으로나 육체적으로 건강하고, 상대방과의 관계를 유연하게 맺어나가는 사람들에겐 어렵지 않은 일이라고 생각해요.

편 건강과 관련된 고민 상담도 많이 할 것 같아요.

안 고민을 털어놓는 분들이 참 많아요. 그럴 때마다 적극적으로 들어드리죠. 대부분 증상 및 병의 예후에 대해 잘 알고 계셔서 우선은 잘 듣고, 조금 다르게 알고 있는 부분이 있다면 정확한 내용을 알려드리는 방식으로 상담해 드리고 있어요. 건강과 관련된 고민이 주지만 마음속에 담아두었던 얘기들을 이 기회를 빌어 꺼내놓는 분들도 있는데요. 누구에게도 말하지 못했던 얘기를 꺼내놓고 나면 짐을 덜은 듯 편안하고 밝아지세요. 그런 과정을 통해 회복하고 나아가는 분들을 볼 때마다 보람을 느껴요. 어떤 분들은 왜 그런 병이 왔는지 원인까지 확신하죠. 그런 경우 제가 어떻게 하면 되는지 거꾸로 물어요. 이런 분들의 확고한 생각은 쉽게 바뀌지 않거든요. 그래서 그 분들의 요청에 따라 원하는 치료를 해드리기도 해요. 다른 치료법을 권하지 않고 그렇게 하는 게 그런 분들에게는 더 나은 경우가 많으니까요.

한의학의 장, 단점에 대해 알려주세요.

편 한의학의 장, 단점에 대해 알려주세요.

안 한의학의 가장 큰 매력은 인체를 보는 관점이 다양하다는 점이에요. 하나의 현상을 유일한 잣대로 재단하는 것을 좋아하지 않아서인지 이 일이 우리의 몸을 일방적인 관점으로 보지 않는다는 것이 정말 마음에 들어요. 예를 들어 환자를 볼 때 단순히 아픈 것만 보지는 않아요. 아프지 않은 곳도 들여다보며 환자의 몸에 대해 천천히 알아가죠. 물론 바쁠 때는 간략하게 진단하고 즉각적인 처방을 내리기도 해요. 시간의 제약을 받는 경우 그런 실용적인 방법을 사용하기도 하지만 평소에는 느긋하게 살펴보고 증세가 호전되었는지 살피죠.

또한 한의학은 통증이 발생하게 된 합리적인 이유를 찾기 위해 노력하고 있어요. 원인을 찾고 환자에게 필요한 치료를 제공하죠. 그 치료 방식에 있어서는 환자의 몸에 가장 적은 자극과 피해만을 주는 방식을 사용하고요. 그런 식으로 치료하다 보니 당연히 환자 중심의 접근 방법을 많이 쓰게 되죠. 그리고 같은 질병에 한 가지 처방만을 내리는 것이 아니라 상황에 따라 다른 처방을 내려요. 진료를 볼 때나 처방을 내릴 때나 다양한 방법의 접근이 가능하기 때문에 환자 개개인의 특성에 맞는 치료가 가능하죠. 이런 점 역시 한의학의 큰 장점이라고 생각해요.

그렇지만 손의 감각으로 의학적 판단을 내려야 한다는 부담이 있어요. 면허를 받은 지 얼마 안 됐던 시기에는 진맥을 받겠다고 손을 내미는 분들을 뵈면 식은땀이 나곤 했어요. 진맥할 때마다 내 진단이 틀리면 어쩌지 하는 불안감이 있었죠. 이젠 경험을 쌓은 덕분에 훨씬 여유가 생겼어요. 차근차근 환자에 대해 알아가다 보면 병이 보이거든요. 게다가 최근엔 간단

한 검사로도 내부 손상 정보를 알 수 있게 되었죠. 앞으로 제약이 좀 풀려서 골절이나 인대 손상, 신경 손상, 디스크 손상 파악을 위해 정밀 진단이 필요한 경우 현대의료기기를 사용할 수 있게 된다면, 좀 더 정확하고 환자에게 도움이 되는 진료를 할 수 있으리라 봐요.

편 미래에도 한의사는 필요한 직업인가요?

안 먼 미래의 일이라고 생각했던 일들이 하나둘 연구되고 논의되는 것을 보면서 미래가 빨리 다가오는 것처럼 느껴져요. 현실화된 인공지능이나 자동화 시스템, 무인점포 등이 날로 발전하고 있죠. 진단 부분에 있어서는 인공지능의 방사선 판독이나 해석 능력이 엄청난 속도로 발전하고 있다고 해요. 대량의 의료 데이터와 변수들을 입력해놓고 연산하는 인공지능의 판독 정확도가 상당히 높기 때문이죠.

실제로 미국과 중국의 인공지능이 의사 자격증 필기시험에 안정적으로 합격했다고 해요. 먼 미래에는 인공지능과 로봇 시스템에게 인체를 맡기는 시대가 올지도 모르겠어요. 하지만 인간이 인간을 치료한다는 패러다임이 바뀌지 않은 이상 인공지능은 진단 도구로서 사용될 것이고, 그 도구를 통해 판단을 내리는 최종 결정자는 의료인의 몫이 아닐까 해요.

편 예전보다 한의학에 대한 관심이 떨어지고 있는 것 같은데, 내부의 시각은 어떤가요?

안 저희 한의사들도 그런 부분에 대해 인지하고 있고, 저희가 걸어온 길을 되돌아보는 계기로 삼고 있어요. 현대화된 의료기기를 사용하는 데 있어 거부감을 없애고, 이를 진단의 근거로 삼고 있죠. 많은 환자들이 그런 걸 원하니까요. 진맥을 해보니 당신의 건강 상태가 이러하다고 말하면 거리감이 느껴지는 얘기처럼 들릴 수 있어요. 반면 진단기를 통해 객관적인 수치를 제시하면 환자들도 더 납득을 잘 하죠. 이와 같은 다양한 시도를 통해 제한적인 의료환경에서 벗어난다면 새로운 전환점을 맞을 수 있을 거라고 봐요.

편 한의학은 비과학적인가요?

안 한의학은 과학을 추구하는 학문이에요. 비과학적이란 말 자체가 얼토당토않은 것을 인정한다는 것인데 한의학에서는 이치에 맞지 않는 것은 철저히 배제하는 것을 원칙으로 치료 하니까요. 아마도 한의학이 과거 의학을 토대로 한 학문이라 비과학적이란 말이 나온 것 같아요. 일부 현대의료기기의 사 용이 제한되어, 그런 오해를 받는 것도 있고요. 최근에는 초음 파 진단기에 대한 한의사의 사용 제한이 해소되었고, 앞으로 도 점진적으로 한의사의 현대의료기기 사용이 확대될 것으로 보이는 만큼 그런 오해도 줄지 않을까 싶어요.

서양의학은 매년, 매달, 매일 업데이트를 통해 최신 지견^지^{식에 기초를 둔 견해}을 받아들이고 있는데 한의학도 마찬가지예요. 오 래전 과거 의학에서 시작되었으나 계속해서 나아가기 위해 노 력 중이죠. 시대의 변화 요구를 인지하고 있으며 새로 거듭나 기 위한 시점에 와있다고 생각해요.

『동의보감』에 나오는 은형에 대한 이론을 투명인간이 되 는 법으로 해석하여 비과학의 증거로 삼는 분들이 있어요. 그렇지만 실제 『동의보감』의 내용을 유심히 들여다보면 은형법이 안중농수를 제거하기 위한 처방이라는 사실을 알 수 있죠. 안중농수는 눈에 고름이 차서 고이는 안구의 염증성 질환으로 고름이 고이면 눈이 아프고 눈앞의 형체가 부옇거나 흐릿하게 보일 수 있어요. 그러니 은형법은 모습을 숨기는 법이 아니라 눈앞의 형체를 사라지게 해주는 방법, 즉 고름을 제거하는 방법인 거죠. 원문을 해석하면서 오류가 난 것이지 비과학의 증거는 아니에요.

동의보감

진맥

진맥을 비과학적이라고 보는 분들도 있어요. 진맥으로 모든 병을 진단할 수 있느냐는 질문도 많이 받는 편인데요. 개인적으로는 진맥으로 진찰하면서 진단을 내리는 경우도 물론 있지만 진맥을 짚는 것은 확인하는 차원일 뿐이고, 현대의학기기를 사용해 검사하고 진단하는 것이 확실하다고 생각해요. 예를 들어 허리 통증을 호소하는 분에게 근육과 인대, 기타 구조물들을 촉진한 후 특정 부분의 구조물에 문제가 있다고 하면 과

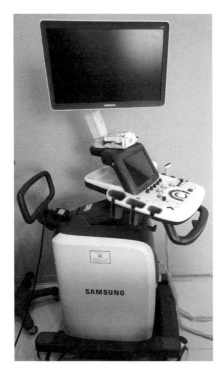

초음파 진단기

학적이지 않다고 생각해요. 하지만 병원의 방사선 진단 결과
는 그냥 그대로 믿죠. 그래서 진맥을 짚은 뒤 상태를 알려주고
엑스레이나 초음파 등의 진단 장비를 사용해 바로 과학적 근거
를 보여준다면 환자의 신뢰도를 높이는데 도움이 된다고 봐요.
현대의학도 손으로 만져보고 눈으로 보는 것만으로는 다 알 수 없으니 의심되는 증상이 있으면 여러 가지 검사를 해본 뒤 결과를 토대로 진료를 하고 처방을 하는 방식으로 발전해 왔죠.

편 주변에 보면 한약방이라고 있잖아요? 그건 뭔가요?

안 한의사 제도가 생긴 이후 제도를 정비하는 차원에서 약재상에게 자격을 준 적이 있어요. 당시 약재를 파는 분들에게 한약을 조제할 수 있는 자격을 준 거죠. 약사와 비슷한 개념으로 한약의 조제만 가능하며, 한시적으로 행한 제도라 계속 배출되는 업종은 아니에요. 약재상들이 오랜 기간 한약재를 다뤘으니 그 경험으로 가게를 열어서 한약을 조제해 제공해도 된다고 생각했고, 그들에게 자격을 부여함으로써 한약방이 생겨났어요. 한약국이란 것도 있는데요. 한약국은 한약학과를 졸업하고 자격을 갖춘 한약사가 개설한 기관이라 한약방과는 차이가 있어요.

편 요즘은 대체의학이란 말도 많이 사용하는데 정확히 무슨 뜻이죠?

안 병원의 표준화된 치료 이외에 환자들이 이용하는 요법을 대체의학이라고 해요. 증명되지 않은, 비정통적이고 보조적인 요법으로 과학자나 임상의사의 평가에 근거하여 서양의학의 부작용이나 한계를 극복하고자 진단이나 치료에 사용되고 있죠. 예를 들면 식이요법^{질병 치료의 목적에 따라 식사를 조절하는 치료 방법}, 전통요법^{지역의 전통적 관습이나 사고 방법에 연결된 질병 치료 방법}, 민간요법^{민간에서 의사가 아닌 사람이 행하는 치료법}, 수지요법^{손의 치료점에 자극을 주어서 질병을 치료하는 방법}, 약초요법^{약초를 이용하여 건강을 유지하는 대체의학} 등이 이에 해당해요.

그런데 이 대체의학이라는 분야가 무주공산^{無主空山, 인가도 인기척도 없는 쓸쓸한 산}이라는 거예요. 그렇다 보니 지금은 서양의학 계통에서 거의 점령하다시피 하고 있죠. 저는 사실 한의학이 대체의학이라고 보지만요. 그래서 한방치료와 양방치료를 통합한 의료일원화 얘기도 나오고 있어요. 아직은 구체적인 롤모델이나 방안이 나온 것은 아니지만 진행이 되면 통합의사가 나올 수도 있겠죠.

편 한의사가 일하는 곳은 어디인가요?

안 한의사가 일하는 곳은 다양한데, 그중 가장 많은 곳은 개인 한의원일 거예요. 그 외에 한방병원의 원장으로 일할 수도 있고, 한방병원 각 과의 과장으로 일하기도 해요. 국민건강보험에서는 요양병원을 위한 자금이 책정되어 있는데, 요양병원 중에는 한방 과가 있는 곳도 있죠. 그런 요양병원의 한방과 과장으로 일하는 분들도 있어요. 멀리 해외로 진출해 그곳에서 한의원을 개원하는 분도 있고, 국립한방연구기관이나 한약진흥공단 등에서 연구직으로 일하는 분들도 있어요. 그 밖에도 보건소나 보건지소, 병원선^부

_{상자나 해난을 당한 사람들의 구호를 목적으로 의료시설과 의료에 종사할 인원을 배치한 선박}에서 근무

하거나 군부대의 군의관, 대학교의 전임강사가 될 수도 있어요.

편 국가대표 팀 닥터가 될 수도 있나요?

안 네. 개인적으로 지원해서 가는 분들도 있지만 대부분은 대한스포츠의학, 한의사스포츠의학 학회를 통해 대표팀의 닥터로 가고 있어요. 2018 평창 동계올림픽대회에서도 한의사협회와 강원도한의사협의 의료지원이 있었죠.

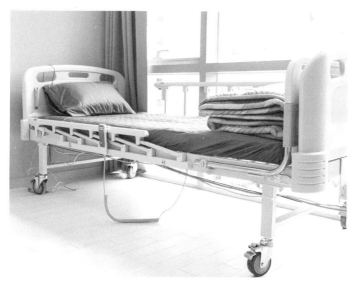

개인 한의원은 어떤 식으로 운영하나요?

편 개인 한의원은 어떤 식으로 운영하나요?

안 개인 한의원도 자영업의 하나라고 생각하면 될 것 같아요. 의료행위라는 직능을 사업과 결합해 운영하는 형태인 거죠. 개원하는 데 있어 국가의 지원은 받을 수 없고, 개인이 자금을 마련해야 해요. 개원하는 데는 적지 않은 비용이 들어가기 때문에 모자라는 비용은 은행 등의 금융기관에서 대출을 받는 경우가 많고요. 개원을 한 후에 한의사는 간호 인력을 적재적소에 잘 배치하고 교육을 통해 업무의 효율을 높일 수 있어야 해요. 또 비품 관리도 해야 하며, 기기나 소모품, 인테리어 설비 등을 수리하거나 교체하는 일의 결정권도 가지게 되죠. 들어보니 작은 회사의 대표가 하는 일과 비슷하지 않나요?

한의원을 찾는 환자들은
주로 어떤 이유로 방문하나요?

편 한의원을 찾는 환자들은 주로 어떤 이유로 방문하나요?

안 한의원도 전문 분야가 있어서 환자들은 자신의 질환을 잘 치료하는 곳을 찾아 방문해요. 예를 들어 부인과 질환을 잘 치료하는 한의원이라면 해당 질환으로 고생하는 분들이 많이 찾게 되죠. 일반적인 한의원에서는 근골격계통증^{단순 반복 작업에 따라 허리, 목, 어깨, 팔다리에 생기는 통증} 때문에 오는 분들이 가장 많아요. 뼈마디나 관절이 아프고 두통이 있고 어깨가 아픈 분들이 가장 많죠.

편 요즘에는 다이어트를 위해 한의원을 찾는 환자도 많다고 들었어요.

안 네. 다이어트 환자도 많아요. 소개로 오는 분들도 많고요. 눈에 보이는 극단적인 체중 감량만을 목표로 하지 않고 건강을 고려한 다이어트를 하려는 분들이 한의원을 찾고 있어요.

어떤 병원에서는 신경전달물질을 차단시키는 약을 처방해요. 우리 몸을 강력하게 제어하는 방식인데 이런 약을 복용할 경우 절벽 부작용^{약물을 끊게 되면 참았던 식욕이 폭발하거나 불안감이 한꺼번에 오면서 신}

체적, 정신적 고통이 커지는 현상이 오기도 해요. 약을 먹을 때는 금방 효과가 나타나지만 복용을 중단했을 때 요요현상식이요법에 의한 체중 감량을 한 후 감량했던 체중이 다시 원래의 체중으로 돌아가는 현상이 오는 거죠. 식욕억제제뇌에 작용하여 식욕을 억제하는 약물를 복용하고 굶는 다이어트를 하면 근육량만 줄고 체지방은 그대로인 경우도 있고요.

한의원에서는 식습관 패턴을 잡아주고 몸에 좋은 식단을 알려줘요. 식사량을 자연스럽게 줄여서 한약 복용을 중단해도 요요가 오지 않고 건강하고 아름다운 몸을 유지할 수 있게 도와주죠. 다이어트 한약이 체내 순환을 원활하게 만들어주면 칼로리를 잘 소모할 수 있는 몸 상태가 돼요. 우리 몸에 쌓인 독소와 노폐물을 배출해 주고 체지방이 분해되도록 도우며 불필요한 부종은 개선해서 몸이 가벼워지게 하고요. 한약을 다 먹은 후에도 스스로 식욕을 조절할 수 있고 건강한 몸을 되찾는데 초점을 맞추니 좀 더 건강한 다이어트라고 생각해요.

📋 환자에 따라 처방이 다른가요?

💊 네. 환자마다 개별 처방을 해요. 다이어트라는 동일한 효과를 목표로 하기에 기성 한약을 처방할 순 있겠지만 저는 개별 처방을 해요. 같은 약도 사람마다 다르게 작용하기 때문이

향약집성방

죠. 예를 들어 식욕 저하는 동일하게 일어나는데 어떤 사람은 그와 더불어 겪지 않아도 되는 증상을 일으키거든요. 또 사람마다 어떤 약재를 추가하면 더 도움이 되기도 하는데 기성 한약을 처방하면 그런 부분을 도와드릴 수가 없잖아요.

Job
Propose 14

기억에 남는 사건이나 환자가 있나요?

편 기억에 남는 사건이나 환자가 있나요?

안 지금 가장 많이 생각나는 환자는 엄마와 함께 내원했던 꼬마 환자예요. 얼굴과 몸이 알 수 없는 움직임을 보이는 특이한 증상으로 고통을 호소하며 찾아왔는데 함께 온 엄마도 굉장히 힘들어했죠. 엄마 얘기로는, 경주에 큰 지진이 났을 때부터 그런 증상이 나타났대요. 그렇다면 단순하게 생각해서 지진 때문에 놀라 그런 거라고 볼 수도 있겠죠.

저 역시 그렇게 진단하려는데 아이와 차근차근 대화를 해보니 더 깊은 이유가 있었어요. 꼬마 아이는 학교에서 지진이 나면 밖으로 대피하라는 훈련을 받았대요. 그래서 지진이 발생하자 바로 밖으로 뛰어나갔죠. 그런데 엄마는 거꾸로 화장실로 들어갔어요. 화장실로 들어가는 엄마를 봤지만 본인은 배운 대로 밖으로 나온 거죠.

지진의 공포보다는 엄마는 대피하지 못했다는, 그래서 엄마를 잃을 수도 있다는 공포가 아이에게는 더 큰 충격으로 다가온 거예요. 지진이라는 재난 앞에서 지진 자체에 공포를 느끼고 트라우마를 겪는 사람도 많지만, 이 아이처럼 부차적인

침 맞는 날

내 배는 꼬르륵 꼬르륵 거린다.
이건 배고플 때 나는 소리♪
내 배는 꾸르륵 꾸르륵 거린다.
이건 소화가 안 될 때 나는 소리♪
밥이 들어오면 체하는 내 배
밥과 싸우는 나의 몸 속 친구들.
귀에서 소리가 들린다.
"어서 침 맞자"

오늘도 침 맞는 날

한의원에 다니는 한 소녀의 시

이유로 문제를 겪는 사례도 꽤 많이 있어요. 엄마를 사랑하는 그 꼬마 환자가 지금도 기억에 많이 남네요. 이후 몇 회 더 치료하고 나서는 1년간 고생하던 증상이 많이 회복되었어요.

편 환자의 마음도 잘 헤아려야 할 것 같아요.

안 네. 저는 그게 한의사의 장점이라고 봐요. 그렇게 생각하기 때문에 환자의 마음을 더 들여다보기 위해 노력하고 있고요. 물론 모든 한의사가 그렇게 생각하는 건 아닐 거예요. 그렇지만 환자의 이야기를 경청하고 그들의 마음을 헤아리다 보면 치료하는데도 도움이 된다고 봐요.

편 일반 병원보다는 한의원에 가면 본인 얘기를 더 많이 하게 되는 것 같아요.

안 본인의 증세는 물론 다른 부분까지 이야기를 하는 게 치료에 도움을 줄 수 있다고들 생각하세요. 마음의 병인 경우 이야기를 나누는 것만으로도 위안을 받기도 하고요. 가슴속에 담아두었던 이야기를 꺼내 말하는 것만으로 응어리진 마음이 풀리기도 하잖아요. 그런 의미에서 한의사 중에는 환자들의 이야기를 듣고 위로해 주는 따뜻한 분들이 많은 것 같아요.

편 한방으로 정신질환을 치료하기도 하네요.

안 네. 한의학에서는 인체를 볼 때 육체와 정신을 둘로 나눠 보기도 하고 하나로 보기도 하는데요. 어떤 관점에서 모든 기의 작용이 발현되어 건강하거나 이상이 나타난다고 보죠. 인체의 기운과 혈액이 잘 흐르고 안정되면 감정이 고요해져요. 반대로 기의 흐름이 원활하지 않으면 우리 몸은 에너지의 불균형을 이루게 되고 감정에 기복이 생기면서 불안정해지죠. 이것은 육체적 안정이 정신적 안정감으로 연결된다는 뜻이에요.

우울증 같은 마음의 병은 우리 몸의 활력을 떨어뜨리잖아요. 기운이 없으면 두통이나 소화불량, 관절통 같은 신체 증상이 나타나기도 하고, 불면증은 뇌기능에 영향을 주어 기억력과 집중력을 떨어뜨리죠. 신체의 증상에 따른 한약을 처방하고 약침치료, 한방물리요법 등을 통해 정신적인 문제를 치료해요.

편 정신질환에 한약을 먹어도 효과가 있어요?

안 물론이에요. 예를 들어 불면증 환자에게는 뇌가 숙면을 취할 수 있는 한약을 처방하는데, 이런 종류의 한약은 뇌와 신

옛날 약탕기

경계의 순환을 활성화시키고 기능을 회복하게 만들어줘요. 우울증 환자에게는 뇌의 활성화를 돕는 한약을 처방하죠. 이런 종류의 한약은 스트레스 받는 부분을 조정하여 뇌신경 세포를 보호하며 안정화하는데 도움을 줘요.

편 한의사의 일과는 어떻게 되나요?

안 우선 출근하면 입원 환자들의 병동을 돌며 한 분 한 분 잘 계시는지 보고, 오늘도 치료를 잘 받으실 수 있도록 진찰을 하는 회진을 돌아요. 하루 동안 달라진 증상이나 그날의 일정을 체크하고 특별한 일이 있는 분들은 잘 확인해야 하죠. 9시가 되면 진료를 시작하는데 진료 시에는 주로 상담과 침구 치료, 추나 치료를 시행해요. 입원한 환자의 경우 엑스레이 촬영과 혈액검사를 통해 골절이나 관절의 손상 여부를 확인하고요. 12시 30분 정도가 되면 직원 식당에서 점심을 먹고, 식사가 끝난 후에는 가벼운 산책을 통해 체력 안배를 하죠. 그리고 오후 진료를 시작해서 6시까지 환자를 봐요. 물론 8시, 9시까지 야간 진료를 하는 한의사도 있어요. 저만해도 지금 근무하는 한방병원의 진료 시간에 맞춰 목요일에는 8시까지 야간 진료를 하고 있죠.

또한 저희 병원이 양한방 협진 병원이다 보니 한약 처방도 많이 나가지만 증상에 맞는 양약 처방을 해야 하는 경우도 꽤 많아서 진료 시 양방 원장님께도 협진을 요청하게 되는데요. 그러다 보니 환자 입장에서는 언제든 필요한 진료를 볼 수 있다는 장점이 있죠. 한방병원의 진료는 여러 스텝과 함께 해나가는 것이라 나 혼자만 잘한다고 되는 게 아니기 때문에 함께 잘하는 방법을 모색해야 해요. 개인 한의원에서는 모든 책임을 원장인 제가 졌지만, 한방병원에서는 제가 맡은 일과 제가 져야 할 책임도 다르죠. 각자 장단점이 있지만 변화된 삶에도 잘 적응하며 재미있게 지내고 있어요.

편 개인적으로 몸이 아픈 경우에는 어떻게 하나요? 한의원이 정한 휴일 말고는 문 닫은 경우를 거의 본 적이 없어요.

안 제가 한의원을 운영할 때도 여름휴가는 한 해 걸러 2년에 한 번 갈 정도로 휴일 말고는 문을 잘 안 닫았어요. 한의사 원장님들 중에 성실한 분들이 많아서 그런 게 아닐까요?

편 본인이 아플 땐 직접 치료하세요?

안 네. 제가 치료하고 한약도 지어 먹어요.

편 양방병원도 가세요?

안 그럼요. 한의사라고 해서 양방병원에 대한 거부감 같은 건 없어요. 실제로 교통사고를 당해 큰 병원에 입원한 적도 있고요. 일반 진료 및 각종 검사도 받으러 다녀요. 외상 등 제가 치료할 수 없는 부분은 가서 치료를 받아야죠.

경악전서

편 시간이 날 때는 어떤 일을 하나요?

안 정해진 진료시간이 있고 휴가도 정해진 날짜에 다녀와야 해요. 공부도 계속해야 하고요. 기본적인 업무 지식 외에도 새로운 의학 정보를 계속 업데이트하고 관심 있는 분야는 강의도 들으면서 깊이 있게 공부하죠. 이렇게 바쁘다 보니 되도록 가까운 곳으로 짧은 여행을 가거나 가볍게 걸을 수 있는 산책로를 찾기도 하죠.

가족들이 여행을 가면 혼자 있는 경우도 있는데 그럴 때면 조용히 책을 읽거나 영화를 봐요. 가끔 친한 친구를 만나기도 하는데 따로 시간을 내기는 어려워서 다음 날 아침에 강의가 있으면 친구와 만나 시간을 보내다 친구 집에서 자고 바로 강의를 들으러 가요.

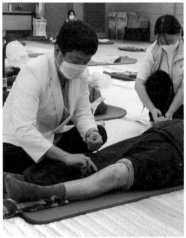

편 현재 일을 잘 수행하기 위해 따로 노력하고 있는 것이 있나요?

안 1년에 강의를 두세 코스 정도 들어요. 그러다 보니 어떤 달은 거의 매주 일요일마다 강의가 있는데 그런 달은 가족들과 많은 시간을 보낼 수 없어 미안하죠. 한의학학회가 많이 있어요. 침구학회, 척추·교정·추나학회, 장부형상학회, 약침학회, 한방부인과학회, 소아과학회 등등 정말 다양하죠. 한의사들은 특별히 관심이 가는 분야가 있으면 학회에 가입해서 좀 더 전문적으로 공부하고 논문도 쓰고 있어요. 저 역시 학회에 가입해서 1년에 2회 정도 정기모임을 가져요.

그리고 월 2회는 평일에 모여 소규모 세미나 모임을 하는데 이때 최신 한의학과 관련된 의견을 나누며 공부하죠. 학교에서 배운 지식과 그간의 경험만으로도 환자를 볼 수 있지만 더 나은 진단과 치료를 위해서는 더 많은 데이터베이스가 필요하다고 생각해서 계속 공부하고 있어요.

Job
Propose 14

한의사이기 때문에 겪는 애로사항이 있나요?

🔲 한의사이기 때문에 겪는 애로사항이 있나요?

🔲 크게 힘들다고 생각한 적은 없어요. 동기들이 말하는 애로사항을 들어봐도 한의사라서 힘든 점보다는 여러 가지 경영상의 어려움을 토로하더라고요. 한의원을 경영하면서 생기는 사소한 문제들, 직원 채용 문제 같은 것들이요. 저 역시 그런 경험이 있지만 제가 감당이 되지 않을 정도로 엄청나게 힘들지는 않았어요.

🔲 한의원 직원들은 의료 지식이 있는 분들인가요?

🔲 한의원에는 한의사 외에도 간호조무사들이 근무하고 있어요. 그분들은 학원을 수료하고 자격증을 취득한 분들이죠. 제 한의원에서 근무했던 분들 역시 간호조무사 자격증을 취득했고 경력도 있던 분들이라 저와 손발이 잘 맞았어요. 한방의료기관의 경우 간호사 외에 원무과 직원, 물리치료사, 방사선사, 조리사, 영양사 등 다양한 의료 직군이 함께 일하고 있어요.

편 한의원도 의료보험 적용이 되나요?

안 일반 진료나 물리치료, 침, 부항은 의료보험이 적용되나 한약을 짓는 건 적용되지 않아요. 최근 통과된 첩약의 건강보험 적용 시범사업 2차가 잘 정착되면 한약 복용에 있어서도 접근성이 용이하지 않을까 싶어요.

그렇다고 무조건 좋은 점만 있는 건 아니에요. 공공기관인 정부와 국민건강보험공단, 심사평가원과 약사, 한약사, 한약 원외탕전 사업자 등의 입장이 첨예하게 대립할 경우의 수도 있어서 복잡한 갈등이 생길 여지도 다소 있거든요. 만일 첩약의 건강보험 적용이 잘 시행된다면 이제 새로운 방향을 찾아야 할 때가 온 것 같아요.

일을 하면서 받는 스트레스는 어떻게 해소하나요?

📝 일을 하면서 받는 스트레스는 어떻게 해소하나요?

👤 일의 특성상 환자들이 아프다고 하는 이야기를 계속해서 들을 수밖에 없어요. 거기서 오는 스트레스가 많죠. 그럴 땐 가족들과 함께 즐거운 시간을 보내거나 혼자 찜질방에 가요. 뜨거운 데서 나른해질 때까지 있다 보면 스트레스가 풀리거든요. 그리고 게임도 좋아해요. 어려서부터 좋아했는데 지금도 가끔 하면서 머리를 식히죠.

📝 그만두고 싶을 때는 없었나요?

👤 체력적으로나 정신적으로나 소모가 많이 되어서 그런지 좀 쉬고 싶다는 생각을 했는데 실제로 쉴 수 있는 기회가 생겼어요. 뜻하지 않게 10년 넘게 운영하던 한의원을 접고, 한의사로서 할 수 있는 다양한 일들을 하며 지냈죠. 굉장히 흥미로운 날들이었고, 그 시간을 잘 보낸 덕분에 또 이렇게 지금은 한방병원에서 환자들을 만나고 있어요.

편. 해외에서 한의사의 대우는 어떤가요?

안. 해외에서의 한의사 대우가 어떤지는 잘 모르겠어요. 다만 중국의 중의사가 한국의 한의사와 가장 비슷한 지위를 갖는다고 알고 있는데 중의사 면허로 한의사 지위를 가지지 못하며, 한의사 역시 중의사 지위를 가지지 못해요. 서로 호환되는 면허는 아닌 거죠.

우리나라 한의사들이 가장 많이 진출하는 곳이 미국인데, 미국의 한의사는 대부분 침구사^{문진으로 환자의 질환을 파악하고 환부에 침을 놓거나 뜸으로 치료하는 사람}자격증자로 의료인보다 한 단계 아래의 등급인 것으로 알고 있고요. 한국의 한의사 자격이 있어도 미국으로 가면 침구사 자격을 취득해야 침술을 쓸 수 있으며, 각 주마다 자격의 범위가 다르다고 해요.

침구사는 의사와 같은 메디컬 직군보다 한 단계 낮은 직군인 서브 메티컬 단계의 직업이라고 보면 될 것 같아요. 그래서인지 국가지원이나 보험 적용이 되기는 하나 기준이 좀 까다롭다고 하네요. 그런 것들을 종합해 봤을 때 한국에서 개업하는 것보다 어려움이 많을 듯해요. 최근 인도네시아, 캐나다,

뉴질랜드에서 한의원을 운영하는 분들의 얘기를 들어보면 못할 것도 없다고 보여서 도전을 좋아하는 분들이라면 해외 진출도 좋을 것 같아요.

한의사가 되었을 때
가장 걱정되었던 점은 무엇인가요?

편 한의사가 되었을 때 가장 걱정되었던 점은 무엇인가요?

안 첫 진료를 볼 때가 생각나네요. 실감이 나질 않고 어리둥절하기만 했죠. 학생 때는 지도 교수님이 계셨고, 선배들도 있어 든든했는데 막상 혼자 진료를 보니 독자적인 판단을 내리는 것만으로도 긴장이 많이 됐어요. 침을 놓을 때도 혈 자리를 찾아 제대로 놓긴 했는데, 치료를 한다는 느낌보다는 기계적으로 침을 놨던 것 같아요. 그래서 당시에는 매일 아침 일어날 때마다 두려운 마음이 들었고, 이런 상태가 계속되는 게 아닌가 걱정했죠.

편 의료사고에 대한 걱정은 없으셨나요?

안 한의원에서의 의료사고로는 침상에서 떨어지거나 부딪히는 낙상 사고, 뜸으로 인한 화상 사고, 봉독 알레르기 등으로 발생하는 과민반응 등이 있어요. 이러한 사고들은 미리 잘 대처하면 큰 문제는 발생하지 않죠. 환자가 불안정하거나 큰 부상 및 생명 징후 불안정과 같은 위험 상황에 놓이면 즉각적으로 큰 병원에 의뢰하여 응급상황에 잘 대처할 수 있도록 해야 해요. 대응하지 못하는 증상을 본다고 지연하다가 환자분에게 피해를 입혀서는 안 되죠. 생사의 기로에 놓여 응급 진료를 요하는 환자는 사실 잘 오지 않죠. 이미 응급실을 선택할 테니까요.

편 한의사를 꿈꿨던 때와 한의사가 된 후 달라진 점이 있을까요?

안 한의사가 되기 위해 6년을 준비하다 막상 면허증이 나오니 실감이 나질 않았어요. 물론 공부하면서 실습도 하고 참관도 하고 부모님을 치료해 드리기도 했지만 그건 보호 안에서 간접적으로 경험한 것들이었죠. 학생 때는 좋아하는 분야의

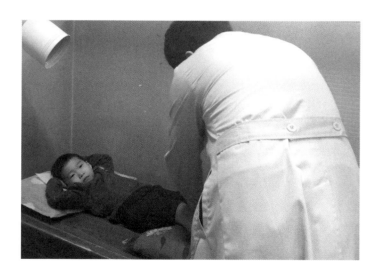

공부를 실컷 하니 신나서 보냈는데, 실제 의료인으로서 일하게 되니 책임감이라는 무게가 이런 것이구나 하고 느꼈어요. 내가 책임져야 하는 환자들이 생기니 부담감도 커졌고요.

또 학교에서는 교과서에 나온 증상과 병명, 진단에 따라 처방이 나가면 환자가 치료된다고 배웠어요. 그렇지만 막상 임상에 나와 한의사로서 환자를 보다 보면 교과서에 나온 증상 그대로 오는 분들은 거의 없어요. 각양각색의 환자만큼 그 증세도 정말 다양했죠. 같은 병이어도 환자마다 증세가 다 달랐고요. 그렇지만 경험이 쌓이면서 어떤 환자가 오더라도 환자에 맞게 치료할 수 있게 되었어요.

한의사로서 성취감을 느끼는 순간이 있나요?

편 한의사로서 성취감을 느끼는 순간이 있나요?

안 제가 생각한 치료 방향이 환자와 잘 맞아서 치료가 잘 될 때, 그래서 환자분이 완쾌할 때 가장 큰 성취감을 느껴요. 제가 마음의 상처와 그 치유에 대해 관심이 많아요. 그러다 보니 커다란 충격으로 인해 정신은 물론 신체적인 고통까지 겪는 분들에게 더 마음이 가요. 치료도 더 열심히 해 드리고요. 감정도 사람을 충분히 아프게 할 수 있고 그로 인한 신체적 고통도 수반해요. 한의학에서는 이를 칠정상_{칠정(七情)의 절제가 정상적으로 되지} _{않아서 인체가 상하는 병증}이라 해요. 최선을 다해도 완쾌가 어려운 분들이 있는데 그중에 기억에 남는 환자분이 있어요.

이분은 처음 볼 때부터 심상치가 않았어요. 화도 잘 내고 눈빛에는 강한 적개심이 있었죠. 머리부터 발끝까지 안 아픈 곳이 없었고요. 처음엔 환자의 태도가 이해되지 않았는데, 깊은 대화를 해보니 조금이나마 상황을 이해하게 되었어요. 그분은 교통사고로 사랑하는 가족들을 떠나보내야 했어요. 그 상처가 너무 커 마음을 꼭꼭 싸매고 쉽게 열지 못했죠. 제가 해줄 수 있는 것은 신체의 통증 완화 치료와 더불어 다친 마음을 잘 보듬어주는 것이었어요.

　그런데 워낙 아픈 곳이 많아 치료가 어렵고, 시간도 많이 걸릴 것 같았어요. 그래서 환자에게 짧게 잡아도 5년은 걸린다고 솔직히 말했죠. 그리고 5년을 치료했는데, 완쾌가 되지 않았어요. 책임을 느껴 미안했지만 환자는 5년 정도면 치료한다는 제 말에 삶의 희망을 가질 수 있었대요. 그리고 앞으로 또 5년, 10년이 걸린다 하더라도 더 노력해 보자고 하더군요. 가족을 잃은 아픔으로 굳게 닫힌 마음이 쉽게 열릴 수는 없을 거예요. 하지만 그분이 제 말에 희망을 가지고 앞으로 더 치료를 열심히 해보자고 말하는 순간 그분의 마음이 이미 얼마쯤은 열렸다고 생각해요.

편 어떤 마음으로 환자들을 만나시나요?

안 아픈 분들의 마음을 보듬고 어루만져 드리려고 노력하고 있는데, 매번 그런 마음 자세를 가지긴 어려워요. 제가 힘들면 그게 더 안 되고요. 그래서 제 자신부터 마음의 여유를 갖고 좋은 컨디션을 유지하려고 노력하죠. 치료자로서 이런 상태가 유지되어야 환자한테도 좋다고 생각하기 때문이에요. 그런 노력 덕인지 환자분들이 편하게 생각하고 아픈 얘기만이 아니라 다른 얘기도 많이 하세요. 그렇게 이런저런 얘기를 하다 정작 어디가 아픈지는 잊었다고 하는 분들도 있고요.

한의사가 되려면 어떤 과정이 필요한가요?

편 한의사가 되려면 어떤 과정이 필요한가요?

안 일단 한의과대학에 진학해야 해요. 한의과대학은 전국에 12개가 있고, 연간 배출 인원은 800명 정도예요. 본인이 지원한 대학에 합격하면 한의예과 2년, 한의학과 4년을 유급 없이 수료한 후 국가고시를 봐요. 이때 과목 과락 없이 전체 총점의 하한선을 넘으면 합격이에요. 합격이 결정되면 한두 달 안에 보건복지부 장관 명의로 면허증이 발급되고, 이때부터 정식 한의사가 되죠.

편 나이 제한이 있나요?

안 나이 제한은 없어요. 그래서 50대에 한의대에 입학한 분들도 있죠. 제가 대학을 다닐 때도 타 대학에서 다른 전공을 공부하다 온 분, 대학 졸업 후 회사를 다니다 온 분이 20퍼센트 정도였어요. 지금도 나이와 상관없이 꿈을 이룬 분들이 정말 많아요.

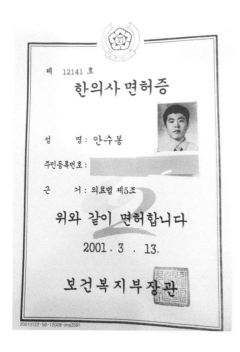

 한의대 경쟁률은 어느 정도 될까요?

 2024학년도 정시 경쟁률을 보면 가군에서 총 47명 모집에 457명이 지원해 9.72대 1, 나군에서 145명 모집에 802명이 지원해 5.53대 1, 다군에서는 51명 모집에 1,154명 지원으로 22.63대 1의 경쟁률을 보였어요.

한의예과 경쟁률을 모집군별로 살펴보면, 가군에서는 대전대가 13.43대 1로 경쟁률이 가장 높았고, 나군에서는 확률과 통계를 반영하는 동의대가 8.75대 1로 경쟁률이 가장 높고, 다군에서는 동국대 WISE 유형 Ⅱ(인문)가 49.5대 1로 매우 높은 경쟁률을 보였어요.

편 진입장벽이 높네요.

안 그렇죠. 이렇게 진입장벽이 높은 걸 어떻게 해석해야 하는지 고민해 봤어요. 선발하는 학교 측의 논리는 진입장벽이 높으면 양질의 학생을 선발할 수 있다는 거죠. 그것도 맞는 말이에요. 우수한 성적을 가진 학생들이 좋은 대학을 가는 게 틀렸다고 볼 수는 없으니까요. 그렇지만 개인적으로 성적은 좀 떨어지더라도 다양한 재능을 가진 친구들도 노력 여하에 따라 원하는 전공을 할 수 있는 환경이 교육적으로는 더 바람직하지 않나 해요.

그런데 그럴 경우 현실적으로 많은 문제에 직면하겠죠. 인맥이나 스펙, 부모의 환경 등이 영향을 준다면 오히려 부정입학 같은 문제를 양산할 거예요. 그건 것들을 고려했을 때 성적을 기준으로 선발하는 게 합리적일지도 모르겠어요.

대학명	전형	모집군	학과	모집 인원	지원 인원	경쟁률
대전대	일반	가군	한의예과	7	94	13.43
동신대	일반	가군	한의예과	10	128	12.8
대전대	지역인재	가군	한의예과	4	35	8.75
부산대	수능전형	가군	한의학전문대학원 학·석사통합과정	5	41	8.2
가천대	일반전형	가군	한의예과	21	159	7.57
합계				47	457	9.72
동의대	일반	나군	한의예과(확률과 통계)	4	35	8.75
우석대	일반학생	나군	한의예과(전주)	6	49	8.17
동의대	일반	나군	한의예과(미적분/기하)	12	85	7.08
원광대	일반	나군	한의예과(인문)	5	32	6.4
대구한의대	일반	나군	한의예과(자연)	12	75	6.25
대구한의대	일반	나군	한의예과(인문)	10	62	6.2
세명대	일반	나군	한의예과	15	90	6
원광대	일반	나군	한의예과(자연)	34	151	4.44
경희대	일반전형	나군	한의예과(인문)	13	51	3.92
경희대	일반전형	나군	한의예과(자연)	32	117	3.66
합계				145	802	5.53
동국대 WISE	일반	다군	한의예과(유형 II)	4	198	49.5
동국대 WISE	지역인재	다군	한의예과(유형 II)	2	55	27.5
동국대 WISE	일반	다군	한의예과(유형 I)	10	245	24.5
상지대	일반	다군	한의예과(B형)	15	336	22.4
상지대	일반	다군	한의예과(A형)	21	373	17.76
상지대	강원인재	다군	한의예과(A형)	1	2	2
합계				51	1,154	22.63

출처: 에듀진 인터넷 교육신문(http://www.edujin.co.kr)

2024년 정시 한의예과 경쟁률

그리고 입학한 후에도 공부를 즐기거나 집중력 있게 하는 학생들이 여러모로 더 낫더라고요. 열심히 하지 않으면 따라가기가 쉽지 않거든요. 가끔 호기심 때문에 청강하는 학생들이 있는데 어려운지 중간에 포기하는 경우가 대부분이에요. 그런 이유들 때문에 다른 과에 비해 성적을 많이 보는 것 같네요.

한의사가 되기 위해서는
꼭 관련 학과를 졸업해야 하나요?

편 한의사가 되기 위해서는 꼭 관련 학과를 졸업해야 하나요?

안 네. 한의과대학에 입학해 한의예과 2년, 한의학과 4년 과정을 거친 후 졸업한 사람에게만 국가고시 응시 자격이 주어져요. 그런데 한의대에 입학했다고 모두 졸업할 수 있는 건 아니에요. 대학에서 유급을 당하면 낙제잖아요. 낙제를 너무 많이 하면 퇴학을 당할 수도 있거든요. 그러니 학교생활을 성실히 해야겠죠.

편 관련 대학은 어디이고 청소년들이 어떻게 준비해야 할까요?

안 전국에 한의학과가 있는 학교는 가천대학교, 경희대학교, 대구한의대학교, 대전대학교, 동국대학교, 동신대학교, 동의대학교, 부산대학교, 상지대학교, 세명대학교, 우석대학교, 원광대학교 이렇게 12개 대학이에요. 각 대학마다 입시 요강이 다르고 매년 바뀌니 자세한 사항은 본인이 원하는 대학의 홈페이지를 통해 알아보는 것이 빠를 것 같네요.

편 경쟁력을 갖추려면 대학교에서 어떤 활동을 하는 게 좋을까요?

안 대학은 학문을 배우는 곳이자 다양한 경험을 해 볼 수 있는 장이에요. 공부도 기본적으로 해야 하지만 본인이 특별히 관심이 가는 분야의 동아리에 가입해 활동하는 것을 추천해요. 저는 공부라는 것은 끝이 없다고 생각해요. 한의사가 되어서도 학문적인 호기심을 잃지 않으며 꾸준히 공부해야 경쟁력 있는 사람이 될 수 있죠. 대학 때만 공부하면 끝이라고 생각해서 너무 공부와 시험에만 집중하지 말고 사회 활동이나 여행도 해보며 마음을 비우고 몸도 가꾼다면 더 나은 미래가 찾아올 것 같네요.

편 어떤 과목을 배우나요?

안 예과 과정에서는 교양과목(자유선택과목)과 전공과목을 배우는데, 전공과목 수업에서는 앞으로 배우게 될 한의학의 기초를 주로 익히게 돼요. 그 후 본과 1학년부터는 본격적으로 전공과목을 배우죠.

편 침술도 학교에서 배우나요?

안 학부과정에서는 경혈학과 경혈학 실습을 통해 기초를 익히며, 침구학과 침구학 실습 과정을 통해 심화학습을 하게 돼요. 주로 본인의 몸과 친구들에게 직접 자침을 해보며 익히는 경우가 많은데, 침을 하나하나 놔보며 그 감각을 익히는 거죠. 놓는 감각도 중요하지만 맞아보는 감각도 중요해서 본인에게 놓는 거고요. 졸업 후에는 수련의 과정을 통해 익히기도 해요. 부원장이 되어서도 충분히 침술을 배울 기회가 많고요. 한의사가 되어서는 학회나 세미나, 보수교육 및 스터디 그룹 등의 교류를 통해 깊이를 더하게 돼요.

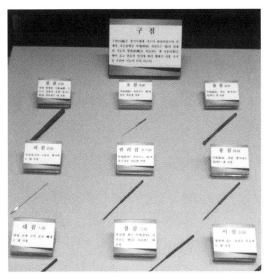

구침

★★ 5. 보수지불 방식을 선불제와 후불제로 나누어 생산성 /의료의 질 /이용률 /환자-의사 관계 /의료비 지불 심사 /의료비 억제 효과 등의 면에서 각각 비교하시오.

	선불제	후불제
생산성	높은 생산성	생산성 떨어짐
의료의 질	질이 낮다는 증거 없음	서로운 기술도입, 상위계층 양질의 서비
이용률	예방서비스증가, 외진선호, 과다수송	진료의무치중, 외원진료선호
환자-의사관계	과소진료-불명, 진료연속성, 서비스형식적	불신과 진료비분쟁가능
의료비 지불심사	없거나 간편	심사 - 청구기관사이 분쟁가능
의료비 억제효과	비용억제가 비교적 잘됨	과잉, 과다 진료, 청구로 의료비증가가

★★ 6. 의료보장급여 방법중 현물급여와 현금급여를 그림을 그려 비교설명하시오

〈현물급여〉
환자 → 병원 (부담금)
병원 → 환자 (진료)
환자 → 보험자 (보험료)
병원 → 보험자 (청구)
보험자 → 병원 (진료비)

〈현금급여〉
환자 → 병원 (진료비지불)
병원 → 환자 (진료(영수증))
환자 → 보험자 (청구(영수증))
보험자 → 환자 (지불)
환자 → 보험자 (보험료)

7. 보건의료 인력 개발 및 활용의 관계점
○ 고등집약력 특성으로 인한 생산성 향상의 문제
○ 직종간 폐쇄성으로 인한 업무의 가동적 협조의 한계
○ 전문직의 자율성 의한 ...

經穴學

○ 起始穴
  終止穴

	起始穴	終止穴
肺	中府	少商
大腸	商陽	迎香
胃	承泣	厲兌
脾	隱白	大包
心	極泉	少衝
小腸	少澤	聽宮
膀胱	睛明	至陰
腎	湧泉	俞府
心包	天池	中衝
三焦	关衝	絲竹空
膽	瞳子骨髎	足竅陰
肝	大敦	期門
督脈	長强	齦交
任脈	會陰	承漿

○ 八會穴
臟 : 章門(肝) 腑 : 中脘(任) 氣 : 膻中(任) 血 : 膈俞(膀)
筋 : 陽陵泉(膽) 脈 : 太淵(肺) 骨 : 大杼(膀) 髓 : 懸鐘(膽)

○ 八脈交會穴   四肢部에 있는 本經과 奇經八脈이 8개 經穴에
              相通하는 經穴
  督脈 : 後谿   任脈 : 列缺
  陰維 : 內关   陽維 : 外关
  陰蹻 : 照海   陽蹻 : 申脈
  衝脈 : 公孫   帶脈 : 足臨泣

○ 腕周圍穴   太淵(肺) 大陵(包) 神門(心) 陽谿(大) 陽池( )
          陽谷(小腸)

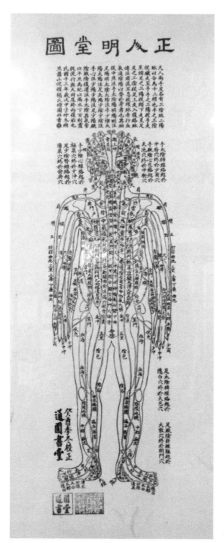

경혈도

청소년들은 학창 시절에 어떤 준비를 하면 좋을까요?

편 청소년들은 학창 시절에 어떤 준비를 하면 좋을까요?

안 앞서 얘기했듯이 기본적으로 성적이 중요하기 때문에 학생 때는 내신 성적과 수능에 신경을 써야 하겠죠. 대학에 편하게 적응하고 싶다면 어려서부터 한자와 친해지는 것도 괜찮을 것 같아요. 또 한의학의 세계화가 이루어지고 있는 추세니 영어를 잘하면 도움이 되겠죠? 다음으로 문과생들도 지원은 가능하지만 과학이 너무 싫다면 입학해서도 적응하기가 힘들 것 같아요. 그러니 미리부터 과학과 친해지는 연습을 하면 좋겠네요. 그 밖에 봉사활동이나 사회활동, 학급 임원 경험, 각종 대회 참가 등을 해보며 차근차근 나만의 포트폴리오를 만들어 보세요.

마지막으로 마음의 준비도 필요해요. 저는 솔직히 말해 꿈과 희망만을 주는 게 좋다고 생각하지 않아요. 오히려 어렵고 힘든 점을 미리 제시하는 게 나중에 그 문제에 맞닥뜨렸을 때 좀 더 대처하기가 쉽다고 보죠. 어려운 경쟁을 뚫고 대학에 왔는데 생각보다 학습량이 너무 많아 힘들어하는 학생도 있고, 고대의 한의학을 공부하면서 문화충격까지 받은 학생들도 있어요. 고대어에 익숙하지 않으니 뭐 이런 걸 다 가르치나 싶어 그만두는 학생도 있죠. 그렇다면 당연히 한의학이란 게 상당히 어렵다더라, 낯선 분야의 공부도 시킨다더라 하는 얘기를 들은 친구들이 낫지 않겠어요?

편 공부를 잘해야 할 것 같아요.

안 매년 성적의 등락은 있지만 대부분 고등학교 내신 성적이 우수하거나 수능 성적을 잘 받은 학생들이 주로 지원을 해왔어요.

편 준비하는 과정에서 가졌던 마음가짐이나 특별했던 자신만의 공부 방법이 있나요?

안 워낙 오래전 일이라 사실 기억이 가물가물해요. 그렇지만 당시 입시전형이 급격히 바뀌었던 시기라 시험 준비를 하면서 많은 어려움을 겪었던 것과 책을 많이 봐도 눈은 피로해지지 않는데, 단순 암기에 취약해서 여러 번 반복해서 공부했던 게 생각나네요. 또 단순히 외우기보단 내용을 시각화해 이미지로 떠올리는 방법으로 공부했어요.

문제를 풀다 자주 실수하는 부분이 있으면 표시를 해뒀다가 그 부분만 모아 오답노트를 만들어 활용했고요. 틀리는 문제는 다시 풀어도 여전히 틀리고, 한 번 착각한 부분도 계속 착각하게 되니까요. 실제 수능시험장과 국가고시 시험장에도 오답노트만 들고 갔어요.

그런 식으로 공부했는데 다행히 실력보다 좋은 점수를 받아서 지원했던 의대 한 곳과, 한의대 두 군데 모두 합격했어요. 개인마다 잘 발달된 감각이 있을 테니 그 감각을 활용해 공부한다면 저처럼 좋은 성과가 있으리라 생각해요.

한의사가 되기 위해 필요한 자격이 있나요?

편 한의사가 되기 위해 필요한 자격이 있나요?

안 법에는 대한민국 및 국외의 대학 중에서 정부가 인정하는 대학을 수료한 자 중 국가고시를 통과한 자만 한의사가 될 수 있다고 정해 놓았어요. 그렇지만 아직 국외의 대학 중 인정을 받은 대학은 한 곳도 없죠. 그래서 최근에는 외국의 대학도 인정을 해달라는 요구가 많아지고 있어요.

한의사가 되려면 외국어를 잘해야 하나요?

편 한의사가 되려면 외국어를 잘해야 하나요?

안 영어를 잘하면 대학 입시에 필수적인 내신과 수능에서 좋은 성적을 받을 수 있겠죠. 또 한문에 친숙하다면 대학에 진학한 후 적응이 빨라 좀 더 유리할 수 있겠고요. 그렇지만 한문을 전혀 모른다 해도 대부분 워낙 공부를 잘했던 학생들이라 금방 익히더라고요. 학습량이 엄청난 친구들은 한문을 배웠던 친구보다 오히려 더 잘하는 경우도 많고요.

한의사가 되기 위해 필요한 자질은 무엇인가요?

편 한의사가 되기 위해 필요한 자질은 무엇인가요?

안 가장 필요한 자질은 호기심이라고 생각해요. 호기심이 많은 사람은 어떤 것이든 배울 준비가 되어 있어요. 그런 자세라면 새로운 학문을 접했을 때 흥미를 갖고 배우게 되니 습득하는 능력이 높아지겠죠. 우리 뇌는 흥미로운 것으로 자극을 받으면 집중력이 놓아지니까요. 또 호기심이 많은 사람일수록 새로운 경험에 쉽게 마음을 열고 사람이나 사물 등에 유연한 태도를 보이는데 그런 자세는 환자를 치료하는데 정말 필요한 자세예요. 다음으로 성실한 자세와 긍정적인 생각도 좋은 자질일 거고요. 요즘 학생들을 보면 저희 때보다 더 자기관리를 잘하더라고요. 학점 관리며 스펙 쌓기는 물론 개인 생활에서도 균형을 잘 유지하는 것처럼 보여요. 그런 것도 한의사 일을 하는데 큰 도움이 되겠죠.

그런데 금전적인 이야기를 꺼내는 걸 어려워하는 분들이 있잖아요. 돈 이야기를 하면 속물이라고 생각해서 삼가야 한다고 생각하는 분들이요. 그런 분들은 이 직업에 좀 맞지 않는 것 같아요. 환자의 병을 치료하기 위해서는 이런저런 요법이나 한약을 권해야 하는데 그 이야기를 못하면 좀 곤란하죠. 몸에 투자를 하지 않으면 당연히 어떤 결과도 얻을 수 없다는 생각으로 편하게 이야기할 줄 알아야 해요.

한의약 마스코트

편 어떤 성격을 가진 사람이 한의사에 적합한가요?

안 주변의 한의사들을 보면 성격이 다양해요. 활발한 분, 적극적인 분, 조용한 분, 소극적인 분, 꼼꼼한 분, 대범한 분, 비판적인 분, 냉소적인 분, 긍정적인 분 등 정말 다양한 성격을 가지고 있죠. 성격이란 게 사람마다 한 가지씩만 가지는 게 아니잖아요. 평소엔 소심했는데 어떤 면에서는 대범한 모습을 보이기도 하는 것처럼 말이에요. 더 복합적인 성격을 가진 분도 많고요. 그러니 어떤 성향의 분이 이 일과 적합하다고 단언할 수는 없을 것 같아요.

다만 일을 차근차근 처리하고, 긍정적이며 활발한 분들이 이 일에 맞지 않나 싶어요. 거기에 6년이라는 긴 시간의 학부 과정을 통과해야 하니 그 과정을 즐길 수 있는 분이라면 적합해 보이네요. 한의사가 되어서는 의료행위만 하는 게 아니라 한의원 운영도 해야 하니 사업적인 기질이 있다면 경영이 더 쉽지 않겠나 싶고요.

한의대생이나 한의사도 유학을 가나요?

편 한의대생이나 한의사도 유학을 가나요?

안 제가 학생일 때는 유학이 거의 없었어요. 개인적으로 어학연수를 다녀온 학생이 아주 드물게 있었죠. 요즘 상황은 어떤지 잘 몰라서 졸업한 동기 중에 대학에 교수로 있는 친구에게 물어봤더니 교환학생 등으로 단기 유학을 다녀온 학생들이 제법 있다고 하네요.

공중보건의사 제도는 어떤 것인가요?

편 공중보건의사 제도는 어떤 것인가요?

안 공중보건의사는 병역의무 대신 3년 동안 농어촌 등 보건 의료 취약지구에서 공중보건 업무에 종사하는 의사를 말하는 데, 한의사는 공중보건의사로 복무할 수 있어요. 정부에서는 매년 지원자를 받아 지역보건기관과 공공보건기관의 정원에 맞춰 인원을 배치해요. 지원자는 그곳에서 업무를 수행하며 군복무를 대신하고요.

　업무를 보면, 오지, 농어촌 의료취약시설, 보건소, 보건지소, 기타 공공의료시설에서 일반의사로서 환자 진료, 전염병 예방을 위해 개인이나 전염지역 격리, 공중보건위생을 위한 의학적 조치, 주민들의 건강 상담 등의 일을 해요. 첫 배정 시 배치 시험을 보는데 성적순에 따라 지원 지역과 지원 기관이 결정되죠. 직책은 계약직 공무원이고요.

군의관 제도는 어떤 것인가요?

편 군의관 제도는 어떤 것인가요?

안 군의관은 군대 내에서 보건, 방역, 진료 업무를 담당하는 장교로 임관된 의사를 말하는데 병원 수련 과정을 거친 한의사는 군의관이 되어 군복무를 할 수 있어요. 의사나 한의사의 자격을 가진 징집 대상자는 우선 군의학교에 수용되며, 군사학을 비롯한 일정 교육을 받게 돼요.

그 후 중위나 대위로 임관하여 일반 부대나 군 병원에 배치되죠. 부대에 배치된 군의관은 참모 요원으로서 부대 장병의 건강관리와 위생에 관한 직무를 수행하며 부대장을 보좌하는 일을 해요. 군 병원에 배치된 군의관의 경우 병원 내에서 진료를 보기 때문에 일반 종합병원의 업무와 유사하다고 보면 될 것 같아요.

한의사가 되면

연봉은 어느 정도인가요?

편 연봉은 어느 정도인가요?

안 주 40시간 기준 7,000만 원에서 초임 연봉이 시작되는데, 경력이나 연차 등에 따라 달리 정해지기도 해요. 전문의 자격이 있거나 경력이 특수한 경우, 연차가 오래된 경우 연봉이 조금 더 높게 책정되죠. 보통 업무량이 많으면 연봉도 좀 더 높다고 보면 될 거예요. 당직 근무가 있거나 업무량이 많은 병원의 경우 급여가 추가로 책정되기도 하거든요. 2024년 기준으로 보면 한의사 직군의 평균 연봉은 대략 1억 원 정도인데 이는 봉직의와 개설 한의사가 포함된 수치예요. 연봉을 1억 이상 받는 분들도 많이 있고요. 평균적으로 초임 7,000만 원에서 시작해 경력을 쌓아가면 1억 원 정도까지 올라간다고 보면 되겠네요.

편 연봉 체계를 알려주세요.

안 정해진 체계가 있는 건 아니에요. 전문의 과정을 마친 후 과장으로 재직 중에 있는 분들은 사실상 계약직에 속하는 경우가 많아 보통 1년 단위로 계약을 하며 연차 등에 따라 연봉

을 받아요. 반면 한방병원 같은 곳은 체계가 좀 잡혀 있어서
연차, 수당 등이 정립되어 있죠.

편 한의사도 직급 체계가 있나요?

안 개인병원의 경우 한의사의 직급은 없어요. 한방병원은 한방병원장, 각과의 과장, 수련의 등의 직급으로 구성되어 있고요. 수련의 중에서도 인턴 과정에 있는 사람은 일반수련의, 레지던트 과정에 있는 사람은 전문수련의, 일반수련의와 전문수련의 과정을 모두 거친 사람은 전공의, 전문수련의 과정을 마치고 국가가 인정하는 자격시험을 통과하면 전문의예요. 전문의 과정을 마치고도 대학에 계속 남게 되면 전임의를 거쳐 교수가 될 수 있죠.

주기적으로 윤리교육을 받나요?

편 주기적으로 윤리교육을 받나요?

안 윤리교육은 원래 공직, 특히 교사직에서 시작된 걸로 알고 있어요. 그러다 의료인들도 윤리교육을 받아야 한다는 여론을 수렴해 의료인에게까지 적용하게 되었죠. 의료인 성범죄 경력 조회 법안도 통과되었고요. 의료기관 개설자는 의료인을 고용할 경우 의무적으로 해당 의료인의 성범죄 경력을 반드시 확인해야 해요. 그렇지 않은 경우 해임 요구를 받을 수 있으며 과태료가 부과되죠.

학생들의 경우 의료법을 배우면서 윤리교육을 같이 받아요. 의료법상에 문제가 되는 행동을 했을 시 징역이나 벌금에 처한다는 내용이 국가고시 항목에도 있죠. 예전보다 윤리교육이 강화되었고, 주기적으로 보수교육을 실시하고 있으며 새로 개정된 법안이 있으면 바로 적용하고 있어요.

근무 시간은 어떻게 되나요?

편 근무 시간은 어떻게 되나요?

안 한의원을 운영하는 한의사들은 주로 주 6일 근무를 하고 있어요. 간혹 토요일에 격주로 근무하거나 일주일 중 하루는 오후 휴진을 한다든지 해서 약간의 유동성을 주기도 하죠. 저 같은 경우 오전 8시 30분에 출근해서 9시까지 병동 환자 회진을 돌고, 9시부터 6시까지 진료를 봐요. 주 1회는 8시까지 야간 근무를 하고요. 주 5일 근무에 평일 하루는 휴무, 일요일은 휴일이죠. 한방병원의 경우 주 5일 근무라고는 하는데, 그것 역시 정해진 것이 아니라 각 병원의 상황에 따라 유동적이에요.

편 근무 형태는 어떻게 되는지 궁금해요.

안 개원 한의사는 원장인 본인이 운영을 주관하므로 스스로 근무 시간을 정하죠. 한방병원의 경우 병원의 업무 시간에 맞춰 근무하게 되고요.

편 휴일에도 일하나요?

안 개원 한의사는 대부분 휴일 근무를 하지 않아요. 그렇지

만 간혹 공휴일에 오전 진료, 단축 진료 형태로 진료를 보는
한의사도 있어요. 요즘에는 아예 휴일 없이 진료하는 한의원
도 생겼고요.

근무 여건은 어떤가요?

편 근무 여건은 어떤가요?

안 저는 쾌적한 공간에서 시간적으로도 여유롭게 일하고 있어요. 아주 바쁜 한의원이 아니라 환자 한 명 한 명에게 집중할 수 있는 시간도 길고, 진찰이나 처방 등에도 많은 시간을 할애할 수 있죠. 저에게는 환자의 건강 개선이 가장 중요하기 때문에 일하는데 좋은 여건이라고 볼 수 있어요.

편 한방병원도 응급실이 있나요?

안 한방병원은 대부분 응급실을 운영하지 않는 것으로 알고 있어요. 응급 상황이 되면 상급병원 응급실로 가서 처치를 받죠.

편 진료를 보는 분위기는 어떤가요?

안 치료에 집중하기 위해 간호사와의 소통에도 빈틈이 없도록 신경을 써서 그런지 좀 긴장하는 편에 속해요. 다만 너무 긴장할 경우 환자들이 덩달아 긴장을 하기 때문에 가벼운 농담이나 대화 등을 통해 편안한 분위기를 유도하죠.

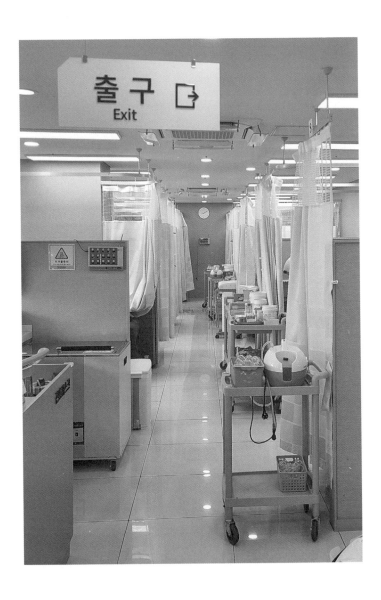

Job
Propose 14

편 복지 여건은 어떤가요?

안 한방병원 등에서 월급을 받는 한의사는 병원에서 정한 복리후생 혜택을 받게 돼요. 이런 경우 초빙의 형식을 띠며, 단기 계약인 경우가 많아 연봉에 퇴직금이 포함된 경우가 많았어요. 대신 세금은 병원 측에서 납부하고요. 그런데 요즘은 급여에서 세금을 공제하는 방식으로 점차 바뀌고 있어요. 퇴직금도 따로 받을 수 있고, 지방인 경우 관사나 숙소를 제공받는 방향으로 변하고 있죠.

개원 한의사의 경우 국가에서 지원을 받을 수 없으니 퇴직연금이나 보험 등의 혜택을 받고 싶다면 스스로 가입해야 해요. 중소기업 보험이라든지 파산이나 폐업에 대비한 노란우산공제 영세 소기업 및 소상공인이 매월 일정 금액을 적립하여 폐업, 질병, 퇴임 등에 대비할 수 있게끔 돕는 퇴직금 마련 제도에 가입해 갑자기 닥칠 수 있는 위기에 대비해야 하죠.

노동 강도는 어느 정도인가요?

[편] 노동 강도는 어느 정도인가요?

[안] 제 경우 일 자체가 육체적으로 고되지는 않아요. 다만 정신적으로 좀 힘든 편이죠. 아픈 사람을 건강한 방향으로 이끌어야 하는 일이라 계속해서 머릿속 회로를 돌려야 하기 때문이에요. 환자의 상태를 체크하고 원인을 알아내고 좋은 치료 방법을 찾는 것을 반복하다 보면 에너지 소모가 많아요. 반면 저와 달리 많은 환자를 보는 분들이나 추나 시술, 교정을 자주 하는 분들은 체력 소모가 많으니 육체적으로도 힘들겠죠.

정년은 언제까지인가요?

편 정년은 언제까지인가요?

안 정년은 본인이 결정해요. 오래 일하는 분들은 80세가 넘어서도 하시죠. 나이가 들더라도 인지력이나 판단력, 체력에 문제가 없고, 한의원 운영을 무리 없이 잘 해낸다면 오래 할 수 있는 직업이에요.

편 언제까지 하고 싶으세요?

안 저는 예전과 생각이 달라졌어요. 30대 때는 오래 하고 싶지가 않아서 50세가 되면 쉬려고 했거든요. 그런데 지금은 힘닿는 데까지는 계속하고 싶어요. 젊어서는 강도는 높게, 기간은 짧게 일하고 싶었다면 이젠 쉬엄쉬엄 여유를 가지며 오래 하고 싶은 거죠.

편 직업병이 있나요?

안 사람을 보면 모두 아픈 사람처럼 보이는 게 직업병인 것 같네요. 진료실 안에서만 그러려고 노력하는데도 저도 모르게 누군가를 만나면 그분의 안색 등을 살피며 어디가 불편하진 않은지 생각하게 돼요.

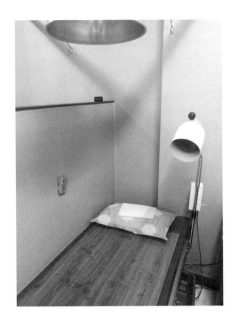

다른 분야로 진출이 가능한가요?

편 다른 분야로 진출이 가능한가요?

안 물론이죠. 대학원에서 석, 박사 학위를 취득한 후 연구원이 되거나 한의대 교수가 되는 분들도 있어요. 개원 한의사라도 외래 교수가 될 수 있고요. 한의대 해부학교실 교수로 진출할 수도 있어요. 한의사 출신 해부학 교수가 많이 부족하다고 하니 다른 길보다 더 열려있겠죠.

어떤 분은 보건의료 분야로 진출해 세계보건기구에서 일하기도 해요. 보건복지부, 질병관리본부, 검역소, 식약청, 국립재활원, 보건산업진흥원, 국립중앙의료원, 보훈병원 등의 공직으로 가는 분도 꽤 있는데, 그곳에서 행정직이나 연구직을 선택할 수도 있지만 진료직을 선택해 계속 환자를 볼 수도 있죠. 자신이 한의학 외에도 특별히 관심 있는 분야가 있다면 한의학과 융합해 새로운 콘텐츠를 만들 수 있다고 봐요.

편 해외로도 진출이 가능한가요?

안 그동안 한의사가 해외 진출을 한다면 그건 주로 미국이었어요. 그렇게 미국에만 국한되던 것이 최근 다양화되면서 한의학의 우수성을 전 세계에 알릴 수 있는 기회가 생겼죠. 2014년에 뉴질랜드 자유무역협정이 타결되고, 2015년에 정식 발효되면서 한의사는 뉴질랜드에 일시 고용 입국할 수 있게 되었어요. 뉴질랜드에 입국한 후 공인 침구사 자격증을 취득할 경우 그 자격은 호주, 싱가포르, 홍콩, 영국까지 통용되고요. 또 2016년에는 이란에 대한 경제 제재가 해제되면서 전통의학 분야에서 양국이 협력하기로 했죠. 재능 있는 한의사들이 해외로 진출한다면 한의학을 통해 우리나라 의료서비스의 우수성과 독창성을 널리 알릴 수 있으리라 생각해요.

앞에서 국제기구에서 일하는 분들도 있다고 했잖아요. 한의과대학 내에는 보건대학원이 있어요. 보건대학원에 진학해 학위를 취득하면 국제기구에서 일할 수 있어요. 국제보건과 관련된 일을 할 수 있는 곳은 WHO세계보건기구, UNICEF UN산하 국제구호단체, UNDP유엔개발계획 등의 국제기구와 KOICA한국국제협력단, KOFIH한국국제보건의료재단 등의 정부기관이 있죠. 이런 단체들은 관련 분야에 대한 전문지식, 석, 박사 학위, 관련 경험 및 경력, 언어 등의 자격요건을 요구해요. 국제보건 분야는 매우 다양하며, 각 단체나 기관, 직책에 따라 요구하는 사항이 다를 수 있으니 자신의 특성이나 적성에 맞는 곳을 찾아 꼼꼼히 준비해 도전해 보세요.

몸과 마음을 다독이는 차 한 잔,
티 테라피

한약재로 쓰이는 식물은 수백 종이 넘어요. 하나의 식물도 가지, 잎, 뿌리, 꽃 등으로 구분되어 각기 다른 용도로 쓰이며, 다른 재료와 함께 배합하여 쓰이기도 해요. 쓴맛이나 매운맛이 나는 약재도 있으며, 향이 강한 약재도 있죠. 수많은 약재 중 끓이거나 우려내어 마시기 좋은 한방차를 몇 가지 소개해 드릴게요. 차는 지친 몸에 활기를 넣어주기도 하고 때론 마음을 다독이는 위로가 되기도 해요. 잠깐 하던 일을 멈추고 아름다운 찻잔에 담긴 다양한 풍미의 차를 즐기며 마음을 녹여보세요.

두충차

두충은 한약재로 사랑받는 약재 중 하나예요. 두충나무 껍질을 약재로 쓰는데 국산의 경우 껍질이 두껍고 내피는 부드러운 섬유질 형태를 띠어요. 쪼갰을 때 끈끈한 거미줄 형태의 가는 실들이 잘 보이면 좋은 품질이라고 할 수 있고요. 두충차를 만들기 위해서는 먼저 두충의 두꺼운 껍질을 벗겨내야 해요. 껍질을 제거한 내피를 구수한 냄새가 날 때까지 잘 볶아주세요. 내피가 타지 않도록 주의하며 정성껏 볶아주면 효과도 더욱 좋겠죠? 물 1리터에 볶아둔 내피 두 숟가락을 넣고 끓이다 물의 양이 삼분의 일로 줄어들면 불을 끄세요. 그리고 식히면 두충차가 완성되죠. 두충은 요통과 관절통에 좋으며 부인과 질환에도 다용되는 약재이니 이런 질환으로 고생한다면 두충차를 추천해요.

둥굴레차

둥굴레차는 많이 알려진 차예요. 황정이나 옥죽 등으로 불리며 한약재로 널리 쓰이는 약재죠. 구수하면서도 순한 맛이 나마시기에 부담스럽지 않아요. 둥굴레는 가을에 뿌리줄기가 비대해졌을 때 캐서 물에 씻은 후 잔뿌리를 제거해요. 이것을 그대로 햇볕에 반쯤 말리다가 잘게 썰어 다시 햇볕에 완전히 말려요. 말린 둥굴레 두 숟가락을 물 1리터에 넣고 끓이다 물의양이 600밀리리터에서 700밀리리터 정도가 되면 완성이에요. 회복이 필요한 허약한 분들과 소화기가 약한 분들에게 추천하는 차예요.

생강차

생강은 한국인들이 즐겨 쓰는 약재예요. 전 세계 어디에서나 재배하며 서양에서는 달콤한 향기라고 여겨 허브로 사용하거나 빵이나 쿠키를 구울 때도 사용하죠. 많이 쓰이는 식물이자 약재이지만 생강 특유의 향을 싫어하는 분들도 있어요. 그런 분들은 생강차를 끓일 때 꿀을 넣고 달여 보세요. 생강을 좋아하지 않는 분들도 쉽게 즐길 수 있죠. 살짝 찧은 생강 두 숟가락과 꿀 한두 숟가락을 물 1리터에 넣고 끓이다 물의 양이 삼분의 일로 줄면 생강차가 완성돼요. 생강차는 소화를 도와주며 구역감을 해소해 줘요. 위를 따뜻하게 해주며 여성들의 하복냉감_{열이 나고 입이 마르며, 설사가 나고 점점 여위는 병}도 완화해 주죠. 감기에도 좋고요.

무차

기운이 엉켜있고, 장부 흐름이 막힌 태음인이라면 무를 먹어볼 것을 추천해요. 무는 소화를 돕고, 장의 운동을 활발하게 해주는 음식이니까요. 가스가 차거나 속이 더부룩할 때, 소화가 잘되지 않을 때 무차를 한두 잔 마시면 속이 편안해지고 몸이 가벼워지죠. 만드는 방법도 간단해요. 자른 무를 햇볕에 말린 후 잘 볶은 다음 한 숟가락을 물 300밀리리터에서 400밀리리터 정도에 넣고 5분 정도 우려주면 돼요. 처음엔 매운맛이 날 수도 있는데요. 조금 더 우려주면 매운맛은 사라져요.

사상의학으로
내 체질 알아보기

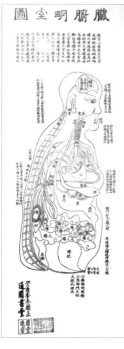

장부도

사상의학은 사람들을 체질적 특성에 따라 태양, 태음, 소양, 소음의 네 유형으로 나누고 그에 따라 병을 진단하고 치료하는 우리나라 고유의 체질의학이에요. 실생활에서는 선을 향한 마음의 수양을 하고, 식생활에서는 체질에 맞는 음식을 먹으면 건강할 수 있다는 예방의학이기도 하죠.

우리의 몸을 보면 심장을 중심으로 폐, 비, 간, 신의 네 장부가 상대적 대소를 이루는데, 이 대소로 태양, 태음, 소양, 소음이 결정돼요. 여기서 말하는 대소는 형태의 크고 작음보다는 각 장기의 생리적, 심리적 기능의 강약개념이란 걸 알아두면 더 이해가 쉬울 거예요. 이제 사상의학에서 말하는 네 가지 유형에 대해 읽어보고 나는 어떤 체질인지 생각해 보세요.

폐대간소한 장부를 가진 사람은 태양인

태양인은 가슴 윗부분이 발달해 목덜미가 굵고 머리가 커 건실한 느낌을 주죠. 반면 허리 아랫부분은 약한 편이에요. 카리스마가 강한 편이라 행동이나 말이 시원시원하고, 과단성이 있으며 창조적이나 강직한 성격 탓에 사람들과의 융화가 어렵기도 하죠. 가슴이 답답한 경우가 많고 토를 잘하며 오래 걷거나 장기간 앉아 있기 힘들어해요. 그런 태양인에게는 단전호흡처럼 기를 내려주거나 하체를 강화하는 운동을 권하고 있어요. 메밀, 전복, 굴, 홍합과 같은 조개류, 문어, 포도, 앵두 등의 음식이 체질에 맞고요. 차 종류로는 메밀, 모과, 솔잎, 알로에, 오가피, 송화를 추천해요. 태양인의 경우 소변이 잘 나오면 건강하다고 볼 수 있으니 소변을 보는데 어려움은 없는지 한번 체크해 보세요.

간대폐소한 장부를 가진 사람은 태음인

태음인은 허리 부위가 발달해 서있는 자세가 굳건하다는 느낌을 주죠. 반면 목덜미는 가는 편이에요. 마음이 너그러우며 일을 꾸준히 추진하나 자기 의사 표현에 서툴러요. 내향적인 성향으로 정보를 많이 수집하는 경향이 있어요. 심장병, 고혈압, 중풍, 기관지염, 천식, 감기가 잘 생기고 피부질환과 대장질환에도 주의해야 해요. 그런 태음인에게는 달리기처럼 땀을 충분히 낼 수 있는 운동을 권하고 있어요. 밀, 콩, 소고기, 치즈, 민어, 청어, 무, 당근, 더덕, 밤, 호두, 배, 살구, 자두 등의 음식이 체질에 맞고요. 차 종류로는 칡뿌리, 맥문동, 천문동, 사상, 오미자, 율무, 산조인, 도라지, 국화, 민들레를 추천해요. 태음인의 경우 땀이 시원하게 나오면 건강하다고 볼 수 있으니 땀이 잘 배출되는지 한번 체크해 보세요..

비대신소한 장부를 가진 사람은 소양인

소양인은 가슴 부위가 잘 발달해 어깨가 딱 벌어진 느낌을 주죠. 반면 엉덩이 부위가 빈약하고 골반이 작은 편이에요. 민첩하고 발랄하나 직선적인 성격 탓에 급한 성격으로 보이기도 해요. 신장염, 방광염, 요도염이 잘 발생하며 하체가 약해 요통으로 고생하는 경우가 많죠. 그런 소양인에게는 에어로빅처럼 활동적인 운동을 권하고 있어요. 밤, 보리, 돼지고기, 오리, 새우, 게, 오이, 상추, 우엉, 수박, 딸기, 바나나, 파인애플 등의 음식이 체질과 잘 맞고요. 차 종류로는 지황, 구기자, 복분자, 산수유, 차전자, 금은화, 고삼, 우슬, 복령, 친화분을 추천해요. 소양인의 경우 대변이 순조로우면 건강하다고 볼 수 있으니 대변을 보는데 어려움은 없는지 한번 체크해 보세요.

신대비소한 장부를 가진 사람은 소음인

소음인은 골반이 크고 엉덩이가 잘 발달하여 앉은 자세가 안정적이죠. 반면 가슴 부위가 빈약해 움츠리고 있다는 느낌을 줘요. 온순하고 섬세한 부분이 많아요. 만성 소화불량, 위산과다, 복통이 잘 발생하며 몸이 냉해 손발이 차거나 허약체질이 되기 쉬워요. 그런 이유로 소화기가 건강의 척도가 되죠. 예민한 감각의 소유자가 많고 한 가지 문제에 집중하거나 정확성을 중요시하는 유형이 많은데 그러다 보니 완벽을 추구하게 되고 그게 병을 만드는 원인이 되기도 해요. 그런 소음인에게는 걷기처럼 움직임이 적은 운동이나 짧은 시간에 할 수 있는 운동을 권하고 있어요. 찹쌀, 현미, 감자, 닭고기, 멸치, 메기, 시금치, 양파, 마늘, 생강, 사과, 토마토, 자두 등의 음식이 체질과 잘 맞고요. 차 종류로는 인삼, 생강, 계피, 꿀, 대추, 황기, 귤피, 백출, 당귀, 백작약, 두충을 추천해요. 소음인의 경우 소화가 잘되면 건강하다고 볼 수 있으니 식후 속이 쓰리거나 더부룩하진 않은지 한번 체크해 보세요.

이 글만 읽고 내 체질을 구별하는 게 쉽지는 않죠? 이제마가 사상의학을 발표한 지도 거의 1세기가 되어가는데 치료의학과 예방의학으로서의 우수성은 인정하면서도 아직까지 학문의 발전이 더딘 이유는 체질 감별에 있어 객관성이 부족하기 때문이라는 의견이 있어요. 각 체질의 전형적인 특성을 명확하게 가진 분들은 어느 정도 파악이 쉽지만, 두 가지 성향을 동시에 가진 분들은 체질 감별이 쉽지 않아요. 본래 체질과 후천적 노력으로 인해 겉으로 보이는 모습이 다른 경우에는 오류가 생길 수도 있죠. 전문가들이라도 단순 진찰로 겉모습만 보고 바로 체질을 파악하기는 어려워요. 처방 결과를 통해 진단하기도 하고 치료 경과를 지켜보며 체질을 확진하기도 하죠. 그러니 본인의 체질을 제대로 알기 위해서는 전문가의 진단을 받아야겠죠? 한의원에 방문한다면 본인이 어떤 체질인지 알아보고 그에 맞는 음식을 먹으며 건강을 관리해 보세요.

환자를 보면 병이 보여요,
한방치료

경혈동인

한의사는 환자와 만나면 다양한 방법을 통해 병을 진단하고 치료 방법을 결정해요. 우선 환자의 상태를 확인하기 위해 망진, 청진, 문진, 절진의 방법을 사용하죠.

망진은 눈으로 환자의 의식 상태, 얼굴의 빛깔과 윤기, 체격, 영양 상태, 몸가짐, 피부, 혀, 눈, 손톱 등 몸 겉면의 여러 부위와 대소변과 기타 분비물의 빛깔, 성질, 형태를 살펴보는 진찰법이에요. 얼굴 빛깔이 노란색을 띠면 위장 기능이 나빠졌는지 의심해 볼 필요가 있어요. 얼굴 빛깔이 검다면 호르몬 이상이 생겼을 수 있고요. 사람의 몸에 문제가 생겼을 때 가장 눈에 띄게 드러나는 점은 바로 피부에 난 부스럼이에요. 오장육부에 불균형이 생기면 부스럼이 발생하는데, 피곤하거나 스트레스가 많이 쌓여 림프순환이 제대로 되지 않을 때 자주 발생하죠. 적절한 운동과 충분한 휴식으로 스트레스를 해소하고, 과일과 채소 등으로 영양분을 보충해 주세요. 기름진 음식은 피하고요.

청진은 환자의 몸 안에서 나는 소리를 듣고 진단하는 진찰법이에요. 심장음이나 폐음, 장명음 등의 소리를 들어볼 수 있는데 심장이 뛰는 순간에 진맥의 파가 느리게 들려온다면 대동맥에 문제가 있을 수 있죠. 환자가 숨을 내쉴 때 쌕쌕거리는 천명음을 낸다면 천식이나 폐부종, 기관지염을 의심해 볼 수 있고요.

문진은 한의사의 관점으로 묻고, 환자가 호소하는 자각증세를 듣는 한편, 환자 가족의 병력을 조회하는데 목적을 두는 진찰법이에요. 구체적으로 환자에게 현재 걸려있는 병에 대해 그 발병 상황과 증세의 진행 또는 변동 사항, 특히 주가 되는 고통, 성격이나 감수성, 의학적인 상식, 생활 태도 등에 대해 묻는데 이때 주의할 점은 환자를 유도하거나 암시를 주는 일이 없어야 해요. 소아의 경우 자신의 증세를 적절하게 호소하지 못하므로 문진이 곤란하거나 아예 불가능한 경우도 있죠. 그런 경우 아이의 안색을 관찰하는 방법으로 병을 진단하며 보호자를 통한 문진을 병행해요.

절진은 한의사가 손으로 환자의 몸을 만져보면서 병적 증상을 찾아내는 진찰법이에요. 맥을 짚어보는 방법과 몸의 겉면을 만져보는 방법이 절진에 속하죠. 맥진은 주로 목 부위와 손목 부위, 맥상의 형태, 속도, 위치 등을 손의 감각으로 알아내어 몸의 상태를 진찰하는 방법을 말해요. 복진은 복부의 여러 부위들을 손의 감각으로 느껴 오장육부의 움직임과 본연의 리듬을 잃어버린 부분을 찾아내는 진단법이에요.

한 가지 진찰법으로 모든 병증을 알아낼 수는 없어요. 그러니 네 가지 진찰법을 적절히 혼용해 진단하고, 필요하면 과학의 산물인 현대의료기기를 사용해 정확한 진단을 내리기 위해 노력해요.

사진네 가지 진찰 방법으로 환자의 병증을 진단했으면 이제 증상에 맞는 치료를 해야 하죠. 한의원에서는 한약 처방, 침 치료, 뜸 치료, 부항요법, 물리치료, 추나요법 등의 방법으로 환자를 치료해요.

한약은 병을 예방하거나 치료하고 사람들의 건강을 증진시키기 위해 천연물을 그대로 또는 가공하여 만든 약이에요. 식물에서 기원한 한약을 식물성 한약, 동물에서 기원한 한약을 동물성 한약, 광물에서 기원한 한약을 광물성 한약이라고 하죠. 한약에는 여러 가지 성분이 들어있어 병이 생긴 우리의 몸을 전면적이고도 종합적으로 치료할 수 있어 효과가 좋아요. 독성과 부작용도 적어 몸에 해를 주지 않고요. 홍삼은 우리가 흔히 알고 있는 한약재예요. 인삼을 수증기로 찌고 난 후 건조하는 과정을 반복해서 만드는데요. 홍삼의 원료인 인삼은 몸의 기를 보강하는 대표적인 약재로, 쉽게 피로를 느끼고 면역력이 떨어지는 분들에게 많이 처방해요. 또한 스트레스로 인한 활성산소를 감소시키므로 스트레스로 인한 제반 증상 개선과 집중력을 높이는데도 좋죠. 한약을 지을 때 중국산 약재를 사용하지는 않을까 걱정하는 분들이 있어요. 일부 한약재 유

약탕기

통업자 중에는 중국산을 국내산으로 둔갑시켜 신뢰성을 떨어 뜨리는 사람이 있는데, 일반인이 중국산과 국내산을 구분하는 일은 쉽지 않죠. 하지만 대부분의 한의원에서는 국내산 약재 를 사용해요. 계약재배^{생산물을 일정한 조건으로 인수하는 계약을 맺고 행하는 농산물 재} ^배를 통해 농약을 되도록 적게 쓰고, 약효가 좋은 품종을 생산 하도록 유도하고 있죠. 국산 약재가 존재하지 않거나 수량이 미약해서 유통되지 않는 약재는 외국의 약재를 쓰기도 하고 요. 그렇지만 그런 경우 오염된 약재는 기본적으로 수입이 되 지 않으며, 식약처의 엄격한 기준으로 검사를 받게 되므로 부득이하게 외국산 약재를 쓰게 되더라도 검증된 약재이니 너무 걱정하지는 마세요.

침 치료란 침으로 신체의 특정 부위를 찔러 자극함으로써 인체에 자극을 주어 병을 치료하는 방법을 말해요. 자극 부위는 증상에 따라 다르며 손을 자극하는 수지침, 귀를 자극하는 이침, 발을 자극하는 족침, 신체 전체를 자극하는 체침, 통증이 있는 부위가 아닌 통증과 멀리 떨어진 부위에 침을 놓는 원위 취혈 등이 있죠. 경우에 따라 침을 돌리거나 약한 전류가 흐르게 하기도 해요.

뜸 치료는 체표^{몸의 표면}의 혈자리나 환부에 쑥이나 약물을 태우거나 김을 쏘이며 온열을 가하여 병을 치료하는 방법이에요. 불의 온열 자극과 약물의 효과가 경락 경혈을 통과하여 몸속의 기혈을 정상적으로 소통되게 하고 정기를 회복하게 함으로써 인체 생리 기능의 평형을 찾아주는 일종의 외치법이죠. 오래 굶거나 과식, 음주한 사람, 매우 쇠약한 사람이나 노인, 소아, 심한 탈수나 출혈이 있는 사람 등에게는 뜸을 놓지 않는 게 좋아요. 또 얼굴 부위에는 흔적이 남는 직접 구법을 사용하지 않으며, 혈관이 얇은 부위, 큰 혈관이 있는 부위, 심장이나 생식기 부위, 주요 힘줄 부위 등에 뜸을 놓을 때도 주의해야 하죠.

부항요법은 부항을 체표에 흡착하여 부항 안의 공기를 제거하고 음압을 발생시켜 충혈이나 어혈 현상을 일으키게 하여 질병을 예방하고 치료하는 것을 말해요. 과거에는 주로 외상성^외

_{상 때문에 일어나는 병의 성질} 질환에 국한되어 이용되었으나 요즘은 내과 질환에도 광범위하게 활용되고 있어요. 부항요법으로 음압을 하면 피부 자극이 일어나면서 다양한 반응이 일어나는데 주로 피부색과 형태가 변하죠. 동시에 열감이나 통증을 수반하기도 하고요. 피부에 나타나는 이러한 반응들은 모두 치료되는 과정 중 하나이니 너무 걱정하지 마세요.

물리치료는 열, 얼음, 전기, 초음파, 기계적인 힘 등을 이용해 통증을 완화하고 치유를 촉진하는 치료법이에요. 보통 한 번의 치료로 완쾌되지 않으므로 여러 차례 수일간 받게 되죠. 요통, 경부통, 근막통증 등 각종 통증을 완화하기 위해서는 온열치료를, 외상 후 일차적 치료로서 통증이나 염증을 완화하기

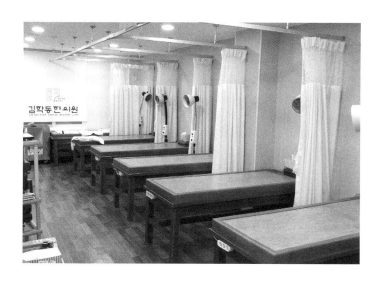

위해서는 한랭치료를, 통증을 완화하고 근육을 강화하기 위해
서는 경근저주파치료를 해요.

추나요법은 한의사가 손 또는 신체의 일부분, 추나 테이블 등
의 보조 기구를 이용하여 환자의 신체 구조에 유효한 자극을
가하여 질병을 치료하는 한방 수기요법이에요. 환부를 손으
로 만지면 통증이 사라지거나 감소하는 것에서 착안되어 활
용되는 치료법이죠. 목 디스크, 허리 디스크, 협착증, 요추 염

좌, 척추관절질환, 근육 기능 장애, 탈구, 장기의 운동성 저하로 인한 신경계 질환 등에 추나요법이 활용되고 있어요. 그뿐만 아니라 환자의 기능 부전을 초기 단계에서 찾아내 회복 불가능한 만성 단계로 진행되지 않도록 예방해 주는 기능을 하기도 하죠.

겨울이면 급증하는
감기,
한방치료로 해결!

일교차가 심한 계절이면 호흡기질환 중에서도 감기에 걸리는 경우가 많죠. 대기오염, 건조한 공기, 밀폐된 좁은 공간의 환경은 호흡기를 나쁘게 하여 쉽게 감기에 걸리게 할 뿐 아니라 유행성 독감을 퍼지게도 하는데요. 우리나라는 매년 12월경부터 다음 해 3월경까지 감기에 이환되는 환자의 수가 급격히 증가하며, 치료를 게을리하여 만성적인 호흡기질환으로 이어지는 경우도 많아요.

감기는 보통 감기와 독감으로 구분하고 있는데, 일반적인 감기의 경우 발열, 두통, 전신 피로, 코 막힘, 콧소리, 잦은 재채기, 콧물, 기침 등의 증상이 나타나요. 독감의 경우 심한 고열, 심한 두통, 심한 기침과 가래의 증상이 나타나며 때에 따라 오심, 구토, 설사, 심한 인후통 등을 동반해요.

감기의 원인은 대부분 기후 변화에 따른 인체의 저항력 감소에 기인하고 있어요. 따라서 평소에 과로나 수면 부족, 정신적인 스트레스로 인해 체력이 저하되지 않도록 해야 하죠. 감기는 보통 한번 걸렸다가 치료를 받으면 치유되기 때문에 감기 자체는 별다른 문제가 되지 않으나 체력 감소에서 오는 합병증의 유발이 위험하다고 할 수 있어요. 폐렴이나 만성 기관지염으로 이행된다면 치료 자체도 힘들 뿐 아니라 후유증에 시달리게 되는 경우가 많거든요. 특히 다른 기초 질환을 가지고 있는 경우는 더욱 예방에 신경을 써야 해요.

현재까지는 감기를 치료하는 효과적인 특효약이 있는 것도 아니고, 백신을 통한 완전한 면역을 얻을 수도 없어요. 그러니 예방이 더욱 중요하죠. 외출 시 집 안과 밖의 온도 차가 큰 경우 옷을 따뜻하게 입어 몸에 냉기가 스미지 않도록 주의하세요. 평소 음식을 골고루 섭취하며 규칙적인 생활과 충분한 휴식을 통하여 인체의 면역 기능을 튼튼히 하는 것도 중요해요. 또한 외출하고 집에 들어왔을 때는 먼저 손발과 코, 목 안쪽을 깨끗이 씻는 것도 좋은 생활 습관이죠.

한방적인 요법으로는 호흡기의 기능을 강화시켜 감기를 예방하는 방법이 있어요. 평소에 자신의 체질이 호흡기가 약한 경우라면 폐의 기운을 북돋아 면역성을 갖도록 도와주는 약물요법과 침 치료, 뜸 치료를 받아두는 것이 좋죠. 특히 체력이 약한 경우라면 보약을 통해 신체에 활력을 줌으로써 인체의 방어력을 키워 각종 병균을 이길 수 있게 만들어주는 게 좋아요. 침이나 뜸은 기의 순환을 원활하게 함으로써 격무와 스트레스에 시달리는 현대인의 정신적인 피로를 풀어주고 기력 강화의 효과를 얻을 수 있어요. 우리 선조들은 파, 도라지, 모과, 오미자, 생강, 유자 같은 약물을 반찬이나 차로 꾸준히 섭취했는데, 이런 식습관도 감기를 예방하는 좋은 방법 중 하나예요.

환절기만 되면 찾아오는
비염,
한방치료로 해결!

비염은 콧물, 재채기, 가려움증, 코막힘 등의 증상을 동반하는 코 질환이에요. 원인에 따라 급성 비염과 만성 비염으로 나뉘는데, 급성 비염은 흔히 말하는 감기로 감염성이며 만성 비염은 감염성과 비감염성 여부를 따져 구분하게 돼요. 비감염성 만성 비염으로는 알레르기성 비염이 대표적이죠.

알레르기성 비염은 코 점막이 특정 물질에 대해 예민하게 반응하여 나타나는 것으로, 원인이 되는 물질이 코를 자극하여 염증반응이 발생하는 질환이에요. 꽃가루와 미세먼지, 그을음, 추위 등이 원인 인자로 알려져 있죠. 알레르기 비염의 주된 증상은 발작적인 재채기, 간지러움, 콧물, 코막힘 등이에요. 비염이 심한 사람의 경우에는 두통, 집중력 저하, 후각 감퇴, 안구건조증 등의 증상이 나타나기도 하고요. 실제로 집중력이 필요한 업무에 큰 지장을 초래하는 경우가 많아요.

알레르기성 비염의 치료는 두 가지를 목표로 행해지고 있어요. 첫 번째는 증상을 소실시켜 일상생활에 불편함이 없도록 하는 것이고, 두 번째는 면역력을 증강시켜 급성 증상의 발생 빈도를 낮추는 것이죠. 한방 치료의 장점은 개인별 맞춤 치료를 통해 증상치료와 면역력 증강을 동시에 도모하는데 있어요. 같은 알레르기성 비염이라 하더라도 재채기, 콧물, 코막힘, 가려움증 중 어느 증상이 가장 심한가를 따져 치료 방법을 선택하고, 연령에 따른 발달 상태와 남녀 성별에 따른 차이, 체질에 따른 차이를 구분해서 치료하게 되죠. 치료 수단은 무엇보다 한약이 우선이고 그 외에 보조적으로 침과 뜸, 향기요법 등을 활용하고 있어요.

추위나 외부의 자극이 왔을 때 인체는 정기를 이용하고, 면역력을 동원하여 가장 바깥쪽 피부인 코의 점막에서 전투를 벌이게 돼요. 그 전투에서 이기든 지든 국소 염증은 발생하게 마련이고 자주 다툼이 일어나게 되면 작은 자극에도 국소 염증이 발생하게 되죠. 같은 상황이 다시 올 때 잘 이겨내기 위해서는 정기를 잘 지키는 것과 더불어 국소적으로 발생한 염증 반응들을 잘 치료하는 것이 필요해요. 양방에서는 국소적 치료로 항히스타민 계열의 약을 사용해 가려움과 발작적인 증세들을 완화하고 있어요. 반면 한방에서는 코와 폐에 작용하는 약재를 체질별로 선용하여 처방하며 침구요법과 향기요법 등과 같은 치료를 병행해 좋은 효과를 보고 있죠. 또한 콧구멍 주변의 자극점을 눌러주는 지압요법과 국화차와 같은 꽃잎차, 찻잎을 발효시킨 발효차를 마시는 것을 권해요. 마스크를 착용해 꽃가루나 미세먼지 섞인 탁한 공기를 막아주는 것도 좋고요.

아토피 피부염

아토피 피부염이란 말의 어원을 보면 원인을 알 수 없는 피부병이라고 되어 있어요. 병의 이름에서 알 수 있듯이 아직 발병 원인이 확실하게 알려지지 않은 상태죠. 임상 증상도 피부건조증, 습진 등으로 다양하게 나타나기 때문에 발병 원인이 어느 한 가지로만 설명될 수는 없지만, 환경적인 요인과 유전적인 소인, 면역학적 반응 및 피부 보호막의 이상 등이 주요 원인으로 여겨지고 있어요.

아토피 피부염은 과거에 돌이 지날 무렵이면 자연스러운 경과를 통해서 낫는 영아 습진 정도로 치부되었어요. 그러나 현대에 와서 환경공해나 대기오염이 심해지고 의식주의 형태가 변화하며 학교나 사회생활과 같은 스트레스 상황이 많아지면서 발병률이 높아지고, 발병 연령층도 높아져서 청소년이나 성인들까지 아토피로 고생하고 있어요.

아토피성 피부염의 한의학적 치료로는 한약 투여와 아울러 약침, 체침, 이침 등의 침 치료, 외용약, 약재를 이용한 목욕, 배독요법 등의 방법이 있어요. 피부 자극은 아토피 피부염을 악화시키는 요소가 될 수 있으므로 악화 요인이 무엇이지 파악하고 치료에 신중을 기해야 해요.

피부 고민! 한방치료로 해결해요,
여드름

여드름은 모낭 피지선의 만성 염증성 질환이에요. 면포, 구진, 낭종 및 결절을 형성하는 것으로 짜면 피지와 같은 분비물이 나올 수도 있으며, 쉽게 치료되지 않고 만성의 경과를 취하게 되죠. 여드름을 없애려면 피부를 항상 청결하게 해야 하므로 비누 세안을 자주하고, 각질용해제 계통의 연고를 바르면 피지의 배출이 용이해져 화농되는 것을 줄여줘요. 또한 직접 압출시켜 모낭염으로 진행하는 것을 막아주죠. 사실상 압출이 잘 이루어지면 여드름은 쉽게 치료될 수 있어요. 저녁에 활동적이던 면포가 가라앉는 시기에 감염되지 않도록 조심하며 압출하는 것이 관건이라 할 수 있죠. 함부로 손으로 짜내거나 터트리는 방법은 이후 흉터로 이어질 수 있으니 주의해야 해요.

한방에서는 여드름을 치료하기 위해 이침, 체침, 수지침, 화침 등을 이용하며, 청열, 양혈, 파어 등 비장과 위의 기운을 돕는 약물을 증상과 체질에 따라 처방해요.

인터뷰
속
인터뷰

“

제가 대학을 졸업한 지도 꽤 오랜 시간이 흘렀네요. 그렇다 보니 요즘 대학 생활이 어떤지는 저보다도 현재 대학을 다니고 있는 학생들에게 듣는 게 더 나을 것 같아요. 좀 더 현실적인 대학의 풍경을 보여드리고자 동국대학교 한의대학에 재학 중인 학생들을 만나 이야기를 나눠봤어요.

”

인터뷰 1_
한의예과 2학년 최민수 학생

안 간단한 자기소개 부탁드려요.

최 안녕하세요, 저는 동국대학교 한의예과 2학년에 재학 중인 최민수라고 해요.

안 대학 생활을 어떻게 보내고 있나요?

최 예과 2학년이 된 지금은 전공 수업만 듣고 있어서 한의학관과 자취방을 오가는 학교생활을 하고 있어요. 운동을 좋아해서 농구 동아리와 축구 동아리에 가입했는데, 시험 때를 제외한 기간에는 매주 훈련과 연습 경기가 있어서 친구들과 땀을 흘리며 보내는 시간도 많아요. 게다가 동기들과 함께 헬스장도 등록해서 다니고 있으니, 수업을 제외하면 주로 운동을 하며 건강한 생활을 즐기고 있네요.

안 한의예과는 어떤 수업을 듣나요?

최 예과 1학년 때는 필수 교양과 학문 기초 수업을 반드시 들어야 해요. 자아와 명상, 융합 글쓰기, 불교와 인간 수업을 들어야 하고, 일반 교양과목도 시간이 많은 예과 1학년 때 영역별로 한 개씩 그리고 영역 상관없이 한 개까지 1년 동안 총 다섯 개를 들어야 하죠. 전공 수업의 경우 1학기 때 일반생물학 및 실험, 일반화학 및 실험, 한의학 개론 1, 한의학 한문을 들어요.

2학기 때는 의학 통계학 및 실습, 한의학 개론 2, 인체 생명과학 또는 한의학 DB와 인공지능을 듣고요. 인체 생명과학이나 한의학 DB는 개정 교육과정에서 새로 생긴 선택과목이라 저희 학번부터 시행되었는데, 생명과학은 생 2 내용, DB는 마이크로소프트 Access를 사용한 수업이죠. 학점이 부족하면 두 과목 모두 들어도 괜찮아요. 예과 2학년부터는 전공 수업만 듣게 되는데 그 과목으로는 의사학, 발생학, 해부학, 생화학, 약용식물학, 의고문, 의학 영어, 양방 생리학, 한방 생리학등이 있어요.

시간＼요일	월	화	수	목	금
8					
9				의고문 (김학동)	약용 식물학 (정효원)
10		생화학 및 실습 (김수아)			
11	발생학 (박준하)		해부학 및 실습 (박인식)	의학 영어 (손광락, 조규선)	
12					
1					
2	의사학 (이병욱)	의사학 (이병욱)			
3				해부학 및 실습	
4		생화학 및 실습 (김수아)			
5					
6					

안 시험은 어떤 형식으로 진행되나요?

최 전공 시험은 당연히 모두 오프라인 시험이에요. 개론 과목은 사지선다형이고, 일반생물학과 일반화학은 객관식과 단답식이 섞여서 나오죠. 한의학 한문은 수업 시간에 배우는 한문 1,000자가 모두 출제되고, 의학 통계학은 객관식, 단답식, 서술형이 모두 있으며, 한의학 DB는 서술형이에요. 필수 교양과목 중에 자아와 명상은 시험이 따로 없고, 융합 글쓰기의 경우 교수님에 따라 시험을 보기도 하고 장문 쓰기 과제로 대체되기도 하죠. 불교와 인간 역시 교수님에 따라 온라인으로 시험을 보기도 하고 오프라인으로 시험을 보기도 해요. 일반 교양과목 중 온라인 강의는 거의 모두 온라인으로 치르고요.

안 한의대를 졸업한 후의 계획은 무엇인가요?

최 한의대를 졸업하면 일단 국방의 의무를 다하러 가야죠. 감사하게도 한의사 자격증을 취득하면 공중보건의로 대체복무를 할 수 있어 3년 동안 의료시설이 부족한 지역의 보건소에서 근무하며 임상경험을 쌓을 수 있어요. 전역을 하면 우선 한의원에 부원장으로 취직하여 페이닥터를 하려고 해요. 페이닥터를 하며 경험도 쌓고 재정적으로 안정이 되면 그 후에 제 한의원을 개원할 생각이고요.

안 입학 전에 생각했던 것과 다른 점이 있다면 어떤 것이 있나요?

최 한의대에서 컴퓨터 관련 과목을 배울 거라고는 생각하지 못했어요. 한의학과는 크게 상관이 없다고 생각한 분야를 한의학과 접목해 공부하니 신선했죠. 생화학이나, 양방 생리학과 같은 과목들도 한의학에서는 다루지 않을 거라 생각했는데 의대와 비슷한 양방 과목도 꽤 많아 놀랐고요.

안 한의대 입시는 어떤 방식으로 준비했나요?

최 저는 정시로 한의대에 왔어요. 사실 그전에 수시로 연세대학교에 진학했는데 정시를 제대로 준비해 보고 싶어 반수를 시작했죠. 대형 재수학원의 반수 프로그램에 등록해 수능 공부를 시작했는데, 처음인 만큼 다른 N수생들과의 격차를 줄이고자 더 열심히 했어요. 주위의 많은 사람이 왜 굳이 반수를 하냐며, 또는 반년으로 메디컬이 되겠냐며 반대했어요. 대부분의 사람이 그런 얘기를 하니 사실 초반에는 괜히 시작한 게 아닐까 하고 후회하는 마음이 들기도 했죠. 그래도 일단 시작한 거 열심히 해보자고 마음을 다잡고 공부했어요. 그때 흔들리지 않고 계속 나아가서 원하는 결과를 이뤄낸 제가 자랑스러워요.

다음은 한의예과에서 배우는 과목이에요.

1. 한의학개론: 한의학의 개괄적 지식을 습득하게 함으로서 한의학의 본질을 이해한다.

2. 한의학한문: 한의학에 상용되는 기초적 개념과 용어들을 습득함에 있어 바탕이 되는 한자 지식을 배양함에 목적을 두며, 한의학 한문 이해의 폭을 넓힘과 동시에 한의학의 기초 이론을 이해한다.

3. 중국어강독: 초급 중국어 발음 및 문법을 익히는 한편 중의학의 전문용어를 숙달하고 중의학 지식과 문화를 습득함으로써, 중의 중국어 구어 및 독해 능력을 배양한다.

4. 의고문: 한의학의 원전을 해독하기 위해 기본적인 한문 실력을 체계적으로 습득하고 한문 문법과 중국 고전문화를 학습 목표로 한다.

5. 약용식물학: 자원식물 중에서 사람의 질병 치료의 목적으로 활용할 수 있는 식물에 대해 연구한다.

6. 임상본초학: 본초학의 발달과정과 임상의가 한약을 임상에 적용하기 위해 수행하는 가공 기술에 대한 이론을 학습한다.

7. 발생학: 인체의 기관 발생과정을 외, 중, 내배엽 순으로 발

생조직적인 측면에서 연구하고 한의학과 관련하여 신경, 피부, 뇨, 생식, 소화, 호흡, 골근 및 순환계의 발생에 미치는 화학조성, 삼투압, 점도, 장력, 세포질, 핵산 등의 유전기작을 중심으로 한 발생기능상의 문제점을 분석하여 생물학적인 기초학리를 연구한다.

8. 동양철학사: 동양철학 사상의 시대적 변천 과정을 통해 동양 한문화권의 사상적 배경을 이해함으로써 한의학 학설의 기초지식을 함양한다.

9. 의학영어: 의학도로서 갖추어야 할 영어지식과 원전을 이해할 수 있는 능력을 기른다.

10. 해부학 및 실습: 인체를 구성하고 있는 기관들을 기능별로 묶어서 관찰하는 계통해부학과 각 부위별로 관찰하는 국소해부학으로 나누어서 강의와 실습을 병행한다.

11. 조직학 및 실습: 인체를 이루는 각 기관의 정상적인 기본 조직과 구조를 학습하며 각 기관이 어떤 기전에 의해서 상호 관련이 되어 있는지 연구하여 임상에 응용할 수 있는 능력을 배양한다.

12. 생화학 및 실습: 생화학은 생명의 기본 단위인 세포에서 일어나는 생체분자의 반응 및 조절 과정을 연구하는 학문이

다. 단백질, 탄수화물, 지질 및 핵산의 기능과 대사를 학습함으로써 생명현상의 기본 원리를 이해한다.

인터뷰 2_
한의본과 1학년 이지환 학생

안 간단한 자기소개 부탁드려요.

이 안녕하세요. 현재 동국대학교 한의대 본과 1학년에 재학 중인 22살 이지환이에요.

안 대학 생활을 어떻게 보내고 있나요?

이 예과생에서 본과생이 되니 확실히 공부량에 대한 부담이 느껴져요. 저희 학교의 경우 전 과목 지정 좌석제를 시행하다 보니, 학생들은 계속 같은 자리에 앉아 있고 교수님만 바뀌는데 그런 강의실의 모습이 고등학생 때를 떠올리게 하기도 하고요. 보통 아침 9시에 한의학관으로 가서 오전 수업을 듣고 점심을 먹은 후 다시 오후 수업을 들으면 6시 정도에 수업이 끝나요. 평소에는 수업이 끝나면 동기들과 밥을 먹거나 동아리 사람들과 술을 마시러 가죠. 동네가 작아서 학교를 오가다 보면 학과 사람들을 많이 만나게 되는데, 그러면서 약속을 많이 잡게 되는 거 같아요.

안 한의본과는 어떤 수업을 듣나요?

이 현재 본과 1학년은 원전 및 세미나(소문, 영추), 의사학, 양방 생리학, 약리학, 한의 임상 생리학, 본초학, 미생물학, 면역학 수업을 들어요. 양방과 한방 과목을 함께 배우죠.

안 시험은 어떤 형식으로 진행되나요?

이 시험은 대부분 지필고사로 진행돼요. 객관식, 단답형, 서술형 문제들이 섞여서 나오고요. 원전 및 세미나 시험의 경우 원전 내용을 암기하여 시험을 보기도 해요. 한방 과목들은 답을 한자로 적어야 하는 경우가 많아서 조금 힘들어하는 친구도 많죠.

안 본과생만의 고민이 있다면요?

이 학교 수업과 동아리 활동, 개인 시간을 적절히 분배하는

요일 시간	월	화	수	목	금
9		원전 및 세미나 (김기욱)	원전 및 세미나 (김성원, 이병욱)		
10	의사학 (이병욱)				
11		양방 인체 생리학 및 실습 (조민경)		한의 임상 생리학 및 실습 (신흥묵)	한의 임상 생리학 및 실습 (양인준)
12					
1		한의 임상 생리학 및 실습 (신흥묵)			
2	예방의학 및 실습 (현민경)		임상 약리학 및 실습 (조민경)	임상 본초학 (박용기)	
3					
4	미생물학 (김수아)	양방 인체 생리학 및 실습 (조민경)			
5					
6					

게 좀 어려워요. 즐거운 대학 생활을 위해서는 세 가지가 균형을 이루는 게 중요하기 때문에 어느 한쪽에만 시간과 에너지를 할애하고 다른 쪽은 소홀히 하면 안 된다고 생각하는데요. 본과 1학년의 경우 경주에서는 최고 학년이다 보니 행사를 주관하는 경우가 많아 관련된 일을 하다 보면 시간이 금방 사라지는 것 같아 아쉽기도 하죠.

안 한의대를 선택한 된 이유는 무엇인가요?

이 아픈 사람들을 치료하는 게 제 꿈이었어요. 어려서부터 다른 사람의 이야기를 들어주고 공감해 주는 것을 좋아했죠. 성균관대학교 약대와 동국대학교 한의대에 둘 다 합격해서 어디를 선택해야 할지 고민이 많았는데, 한의사가 사람과 더 교감할 수 있는 직업이라고 생각해서 한의대에 왔죠.

안 입학 전에 생각했던 것과 다른 점이 있다면 어떤 것이 있나요?

이 한의대에서는 한방 과목만 배울 거라 생각했는데, 약리학, 미생물학 등 다양한 양방 과목들도 커리큘럼에 배치되어 있다는 것을 알게 되었죠. 더 높은 학년으로 진급하면 병리학, 진

단학 등 의대의 커리큘럼과 유사한 과목을 배우고요. 그런 사
실이 놀라웠어요.

안 한의대 입시는 어떤 방식으로 준비했나요?

이 저는 수능을 통해서 입시를 준비했어요. 인터넷 강의와 자
습 위주의 자기주도 학습을 했죠. 정시의 경우 입시에서 등급
보다는 백분위가 중요한 경향이 있는데, 대부분의 과목에서
100~96 정도의 백분위를 받았던 것 같아요.

다음은 한의학과에서 배우는 과목이에요.

1. 한의임상생리학 및 실습: 음양, 오행, 육기론에 근거하여 장부경락의 기능과 상호 관계를 분류, 분석함으로써 생명현상의 본질을 임상과 연계하여 인식하게 함으로써 임상의 선행 지식을 함양한다.

2. 임상본초학: 한약물의 기원 및 형태와 성미, 효능, 주치, 배합 등을 임상치료에 응용할 수 있는 방법을 연구한다.

3. 양방인체생리학 및 실습: 인체의 구조와 생리 작용과 조절 등에 대해 서양의학의 입장에서 이해한다.

4. 원전 및 세미나: 한의학의 최고 이론서인 『황제내경』을 교재로 동양의학 원전의 독해력을 기르고, 한의학 이론을 임상에 활용할 수 있는 능력을 기른다.

5. 임상약리학 및 실습: 임상증례를 이용하여 약물 작용의 원리를 인체생리학, 생화학 및 병리학의 기반으로 이해하며, 약물 작용을 분자 표적 수준에서 환자 수준까지 통합하여 연구한다.

6. 예방의학 및 실습: 질병을 예방하는 학문으로 정신관리와 육체의 섭생 방법, 음식관리 등을 연구한다.

7. 의사학: 동양의학의 역사를 배움으로써 각 시대의 의학 및

의가를 통해 현대의 의학적 상황을 이해하고, 임상의학이 나아갈 방향을 제시한다.

8. 임상본초학 및 실습: 임상의가 관절질환, 소화기질환, 빈혈질환, 만성 호흡기질환, 정신신경계 질환, 소모성 질환, 성장장애, 허약증, 수액대사이상에 사용하는 한약물의 기원 및 형태와 성미, 효능, 주치, 배합 및 금기사항 등을 임상 의료에 적용, 응용할 수 있도록 한다.

9. 면역학: 면역학은 면역계를 연구하는 의생물 과학이다. 면역세포와 림프조직의 발생 및 기능, 체액성 면역과 세포매개성 면역의 특성과 조절기전, 면역계의 의학적 적용에 대해 학습한다.

10. 임상본초학 및 실습: 임상의가 기생충 감염증, 혈액의 이상 질환, 피부질환, 비뇨기질환 등에 사용하는 한약물의 기원 및 형태와 성미, 효능, 주치, 배합 및 금기사항 등을 임상 의료에 적용, 응용할 수 있도록 한다.

11. 한의병리학 및 실습: 한의학의 기본 이론체계를 근간으로 연구목표를 설정하여 인체의 다양한 기준을 기, 혈, 한, 열 등의 병리적 가치관으로 분류 종합하면서 내외 병인에 의해 유발되는 병증의 규율을 체계화시킴으로써 임상적 효용성과 응

용이 가능하도록 하고 교량 역할을 담당하도록 한다.

12. 한의진단학 및 실습: 한의학적 기본 이론에 따라 병정을 파악하고 병증을 분별하여 정확한 진단을 내리기 위해 한의학적 진단 체계인 망, 문, 문, 절의 네 가지 진단법과 변증 체계 (증상 증후 변별) 등을 학습한다.

13. 양방병리학: 병적 상태에서 나타나는 여러 가지 병적 현상을 규명하는 방법을 강의와 실습을 통해 확인한다.

14. 방제학 및 실습: 본초 및 약리학적 지식을 기초로 기존 방제의 내용, 구성 원리 및 임상에서의 처방 방법 등을 학습한다.

15. 경혈학 및 실습: 십이정경, 경외기혈, 신혈, 경혈 등의 취혈상 실제를 습득시키고 타 경맥과의 비교 취혈법을 실습하고 특이 반응 경혈을 기본 경맥의 경혈과 비교하고 정확한 위치 판단 실습에 중점을 둔다.

16. 상한론: 병적 상태를 크게 육경으로 분류하여 그 원인 증상 및 치료법을 연구한다.

17. 양방진단학: 질병 발생 시 나타나는 여러 가지 증상을 병력, 이학적 진단법, 실험실적 검사법과 문진 등을 통하여 진단하는 능력을 기른다.

18. 임상총론 I : 간담도 소화기질환, 조혈 계통 질환, 췌장 복

막질환 및 비뇨·생식기 질환의 임상을 합리적으로 이해하는 내과 과목이다.

19. 임상총론 II: 심혈관계질환, 호흡기계 질환, 중추신경계 인성 질환 및 심인성 질환에 대한 임상적으로 이해하는 과목이다.

20. 임상총론 III: 인체에 분포되어 있는 십이정경 및 기경팔맥의 경혈과 경외기혈, 천응혈, 신침혈등의 혈위와 취혈법, 주치증에 대한 연구 및 한의학 기초이론과 현대의학의 이화학적, 물리적인 이론을 치료학적인 측면에서 개발 연구하는 과목이다. 또한 눈, 귀, 코, 인두, 후두 등의 해부학적인 구조와 기능을 한의학적인 개념인 오관과 비교, 분석하는 과목이다.

21. 임상총론 IV: 변증논치 체계에 따라 여성의 성기 및 이와 관련된 생리, 병리의 영역에 속하는 질환을 치료하는 방법을 연구하며 소아 특유의 생리, 병리연구와 올바른 섭생과 양생법을 연구 검토하는 과정을 배우는 과목이다.

22. 피부외과학: 외과, 피부과의 한방적 원인, 증상, 진단 및 치료를 연구한다.

23. 간계내과: 肝과 膽의 병증과 혈병증에 대한 증후의 원인과 병리 진단 치법과 응용 처방에 대한 이해를 통하여 간담도 소

화기질환과 조혈계통질환의 임상을 합리적으로 이해하는 내과 과목이다.

24. 심계내과: 심장 및 혈관계와 이에 수반되는 질환을 다룬다.

25. 비계내과: 脾 胃 小腸 大腸 병증에 대한 증후의 원인과 병리 진단 치법과 응용 처방에 대한 이해를 통하여 소화관질환과 췌장 복막질환의 임상을 합리적으로 이해하는 내과 과목이다.

26. 폐계내과: 폐 및 호흡기계 질환을 대상으로 하는 동의 내과학의 일부분이다.

27. 신계내과: 비뇨기 및 생식기계 질환을 대상으로 하며 동의학적인 원인, 증상, 진단 및 치료와 예방법을 연구한다.

28. 부인과학: 부인과학은 변증논치 체계에 의해 여성의 성기 및 이와 관련된 생리, 병리와 그 영역에 속하는 질병의 치료방법을 연구한다.

29. 소아과학: 한의학적 원리를 기초로 하여 소아청소년 특유의 생리병리를 배우는 동시에 소아질환의 진단치료에 대한 다양한 접근법을 연구한다.

30. 신경정신과학: 중추신경계 인성 질환 및 심인성 질환에 대한 서양의학과 임상심리적 접근을 통해 신경정신과 질환의 원인, 증상, 진단 및 치료적 측면을 임상적으로 연구 활용한다.

31. 안이비인후과: 안, 이, 비, 인두와 후두의 해부학적인 구조와 기능을 논하고 한의학적인 개념으로서의 오관을 상대적으로 비교 분석한다.

32. 한방재활의학과: 한의학의 기초이론과 현대의학의 이화학적, 물리학적인 이론을 치료학적인 측면에서 개발 연구한다.

33. 진단검사의학: 질병의 진단과 치료에 필요한 생물학적 이화학적 검사방법을 이해하고 주로 혈액학, 임상생화학, 세균학, 면역학, 기생충학 및 병리진단학을 강의한다.

34. 침구과학: 인체에 분포되어 있는 십이정경 및 기경팔맥의 경혈과 경외기혈, 천응혈, 신침혈 등의 부위, 취혈법, 주치증 등에 관해 연구한다.

35. 영상의학: 첨단 영상진단기기의 활용을 통하여 한의학적 진단의 정확성과 객관성을 부가하며, 이에 따른 질병의 치료방법을 강의하여 실제 임상응용의 효용을 제고한다.

35. 사상체질의학: 동의수세보원을 중심으로 하여 사상체질의학의 기초이론을 이해시키고 체질 분류에 대한 임상교육을 학습한다.

36. 피부외과학 및 실습: 임상에서 많이 접하는 피부질환과 피부미용에 대한 구체적인 치료법을 중점적으로 실습한다.

37. 간계내과 및 실습: 간계내과 분야의 한의학 병증과 간담도 조혈계의 질환에 대한 임상의 합리적 이해에 접근하기 위한 최신 지견을 공부하고 증례 검색을 하여 확인하는 임상실습 과목이다.

38. 심계내과 및 실습: 임상의 심계내과 분야의 실습을 중점적으로 한다.

39. 비계내과 및 실습: 비계내과 분야의 한의학 병증과 소화관 병증 질환에 대한 임상의 합리적 이해에 접근하기 위한 최신 지견을 공부하고 증례 검색을 하여 확인하는 임상실습 과목이다.

40. 폐계내과 및 실습: 임상의 폐계내과 분야의 실습을 중점적으로 한다.

41. 신계내과 및 실습: 임상의 신계내과 분야의 실습을 중점적으로 한다.

42. 부인과학 및 실습: 임상의 부인과 분야의 실습을 중점적으로 한다.

43. 소아과학 및 실습: 소아과학 실습을 통하여 소아·청소년 질환에 대한 문제해결식 진단 치료의 지식을 얻도록 하고 소아·청소년 질환에 대한 임상적 술기를 연마시킨다.

44. 신경정신과학 및 실습: 신경정신과 관련 질환의 유연한 진료 접근을 위한 각종 진단법 및 치료법을 숙지하며 또한 활용하는 능력을 배양한다.

45. 침구학 및 실습: 인체에 포함하여 있는 경혈에 자침하여 치료되는 치료방법과 치료 증상을 학습한다.

46. 사상체질의학 및 실습: 사상체질의학 분야의 임상실습을 중점적으로 한다.

47. 한방재활의학 및 실습: 한방재활의학의 치료적인 측면에 중점적으로 학습한다.

48. 병원경영학: 치료 이외의 병원과 관련된 행정, 재무, 인사 등에 관한 내용을 학습한다.

49. 응급의학: 응급환자의 관리 요령 등 신속을 요하는 의료 분야를 학습한다.

50. 법의학: 의료 행위와 관련하여 발생하는 법의학적 문제를 학습한다.

51. 보건법규: 개업 시 문제 되는 병원 개설, 환자 관리, 약품 관리 등의 여러 가지 제반 문제를 법적으로 처리하는 방법을 배운다.

인터뷰 3_
임상강사 이현우

안 간단한 자기소개를 부탁해요.

이 저는 동국대학교 한의과대학에서 본과 4학년 한방피부과 임상실습 강의를 하고 있는 이현우라고 해요.

안 임상강사는 어떤 직책인가요?

이 과거에는 외래교수라는 말을 썼는데요, 정확한 명칭은 임상강사예요. 일반적으로 대학교의 교수 체계는 정교수, 부교수, 조교수, 전임강사, 시간강사로 되어 있어요. 이 중 임상강사는 시간강사를 말하며 전임교수가 아니면서 개인병원 원장이나 병원의 팰로우 신분으로 강의하는 사람을 말해요.

안 어떻게 임상강사가 되신 거죠?

이 한의과대학의 전공과목은 기초과목과 임상 과목으로 나눌 수 있어요. 특히 본과 4학년은 졸업과 동시에 환자 진료를 볼 수 있는 능력을 배양해야 하므로 임상실습 위주로 수업이 구성되어 있죠. 실습은 대학의 부속 한방병원에서 주로 이루어지고 있고요. 일부 과목의 경우 해당 분야 전문가의 임상경험이 커리큘럼 상 필요하다고 여겨지면 강사를 섭외하게 되죠. 제가 그런 경우로 한방피부과 전공자로서 해당 박사학위를 취득하였고 관련 분야의 전문가로 인정받아 강의를 맡게 되었어요.

안 강의를 한지는 얼마나 되셨나요?

이 올해로 17년 차예요. 매년 학기마다 대학과 계약서를 써서 계약을 갱신하고 있어요.

안 임상강사에 대해 관심이 있는 학생들에게 한마디 해주세요.

이 학교에 적을 두고 강의 및 연구, 진료를 하는 전임교수의 경우 전임교수가 되기까지의 과정이 매우 길고 임용되기도 쉽지 않아요. 하지만 임상강사의 경우 전임교수보다는 임용되기가 쉽죠. 또한 실제 현장에서 겪었던 사례와 경험을 학생들에게 전할 수 있어 보람도 있어요. 평소 강의를 통해 경험과 지식을 전달하고자 했던 사람이라면 좋은 자리라고 생각해요.

안 강사료는 어떻게 되나요?

이 강의하는 과목의 학점, 시간과 교육부에서 정해놓은 기준을 고려하여 해당 대학교가 판단하여 지급하고 있어요.

안 마지막으로 바람이 있다면요?

이 앞으로 한의과대학도 의사국가고시처럼 임상 수행평가를 해야 할 가능성이 높아요. 그래서 더욱 임상실습이 중요해지리라 생각하고요. 제 임상경험이 학생들에게 잘 전달되어 학생들이 앞으로 한방피부과 임상을 하는데 많은 도움이 되길 바라고 있어요.

편 부모님은 어떤 분이셨는지 어린 시절 환경은 어땠는지 궁금해요.

안 초등학교 때는 이사를 자주 다녔어요. 같은 지역 내이긴 하지만 전학도 두 번이나 했고요. 또 어렸을 땐 친구들과 동네를 돌며 노는 걸 좋아해서 동네 구석구석 돌아다니지 않은 곳이 없었죠. 여기저기 옮겨 다니며 날이 어두워지는 것도 모르고 딱지치기며 구슬 놀이를 했던 기억이 나네요.

반면 혼자 있는 시간은 주로 책을 읽으며 보냈어요. 책 읽는 것을 좋아해 친구가 새 책을 사면 그 친구보다 먼저 읽을 정도였죠. 독서를 좋아했던 막내 이모와 경쟁적으로 책을 읽으면서 분량도 상당해졌고요. 또 오락실을 무척 좋아해서 용돈이 생기면 바로 오락실로 달려갔어요.

아버지는 자애로우시고, 어머니는 엄하신 편이셨어요. 두 분 모두 말씀은 별로 없으셨지만 저를 무한히 사랑하셨죠. 그런데 그땐 그게 사랑인 줄 몰랐어요. 저를 지지해 주는 무언의 언어들이 부담스럽게만 느껴졌죠. 지금 생각해 보면 자식에게 어떻게든 도움을 주고는 싶은데 마땅한 방법을 몰라 발만 동동 구르셨던 것 같은데 말이에요. 부유한 환경은 아니었던 걸로 기억하는데 부모님께서는 단 한 번도 집안 사정에 대해 어려움을 토로하신 적이 없으셨으며 본인의 일만 묵묵히 하셨고요. 자식을 낳아봐야 부모님 마음을 안다고 그땐 도저히 알 수 없었던 것들을 이제야 조금씩 깨닫게 되네요.

편 고향은 어디세요?

안 저는 마산에서 태어나 고등학교 때까지 창원에서 자랐어요.

편 중, 고등학교 시절에 대해 이야기해 주세요.

안 어려서부터 사람에 대한 관심이 많아서 친구를 많이 사귀었어요. 보통 제가 먼저 친구들에게 다가가곤 했는데, 너무 많은 친구를 사귀다 보니 나중에는 자주 보는 아이가 아니면 이름을 기억하지 못하기도 했죠. 수업 시간이 끝나면 매점으로 달려가 간식을 사 먹는 게 낙이었고요. 점심시간 전에 이미 도시락을 먹어버렸으니 점심시간에는 또 간식을 사 먹었죠. 왜 그런지 그땐 항상 배가 고팠어요. 지금도 그 시절 먹었던 간식을 보면 저절로 손이 가요.

고등학교에 들어가서는 축구를 자주 했어요. 잘하진 못해서 그냥 공 따라 뛰는 수준이었죠. 어쩌다 공을 잡아도 어찌할 바를 몰라 얼른 다른 친구들에게 패스했어요. 그렇게 공만 보고 우르르 뛰어다녀도 운동장 한가운데를 달리다 보면 자유를 누리는 것만 같아 좋았어요. 그래서인지 지금도 함께 축구했던 친구들을 만나면 그때 생각이 나요.

👤 공부는 잘했나요?

👤 공부는 잘했던 걸로 기억해요. 초등학교 성적표에는 등수가 나오질 않으니 잘 모르겠지만 중, 고등학교 때 성적표를 보면 50명 정도 되는 반 아이들 중에서 3~5등은 했어요. 가끔 성적이 좋으면 1등도 했고요. 공부를 잘해야 한다는 압박보다는 그 상태에서 더 떨어지면 안 된다는 생각이 강했죠. 그런데 친구들 눈에는 제가 그렇게 열심히 하는 것처럼 보이진 않았나 봐요. 노력은 크게 하지 않는데 이상하게 성적은 꽤 괜찮았던 친구로 기억을 하더라고요.

👤 특별히 좋아했던 과목이 있었나요?

👤 특별히 좋아하는 과목도 싫어하는 과목도 없었어요. 그래도 많은 과목들 중 사회, 경제, 지리, 과학, 국사, 세계사, 문학 과목들이 재미있었어요. 그리고 성적도 그런 과목들이 더 좋았죠. 아무래도 어려서부터 책을 많이 읽고 배경지식을 쌓

았던 것이 사회현상과 역사를 이해하는데 많은 도움이 되었다고 생각해요. 국어나 영어 역시 맥락을 파악하는 능력이 좋아야 유리한 과목이라 이해하는데 큰 어려움이 없었고요. 어려운 과목은 수학이었죠. 문제를 풀다가 막히면 정말 답답했거든요. 모르는 것은 답지의 해답 풀이 과정을 보고 익히면 될 것을 그땐 왜 그렇게 고지식하게 혼자 풀어본다며 시간을 허비했는지 모르겠어요.

편 학창 시절에 재밌었던 일이나 기억에 남는 사건이 있나요?

안 중학교 시절에 가장 재미있었던 기억은 역시 수학여행이죠. 그때 여행지로 이동하며 봤던 풍경들이 아직도 많이 기억나요. 독립기념관에서 양궁 체험을 하느라 버스를 놓칠 뻔해서 선생님께 혼났던 기억도 나고요. 또 그때 들었던 노래들이 아직도 저에겐 특별한 음악으로 남아있어요. 고등학교 때는 온몸이 땀투성이가 될 정도로 축구를 열심히 했어요. 친구들과 함께 땀을 흘리며 운동하는 시간들이 정말 좋았죠. 그 친구들과 아직도 연락하며 지내고 있어요.

중학교 1, 2학년 때 담임선생님도 가끔 생각이 나요. 절무척 아끼고 챙겨주셨거든요. 선생님 표 문제집을 곧잘 만들어 주셨고, 잘 모르는 수학 문제를 여쭤보면 너무나 쉽게 설명해 주셨죠. 그렇게 어려운 수학도 친숙하게 만들어주신 분인데, 어떤 이유에선지 징계를 받고 퇴직을 하셨어요. 어린 나이에 충격이 상당했죠. 선생님이 힘든 일을 겪으시니 마음이 아파서 공부고 뭐고 집중할 수가 없었어요.

고등학교 입학시험을 보고 찾아뵈려 했는데 여의치 않아 대학 입학시험을 보고 나서야 찾아뵈려고 마음을 먹었죠. 그런데 어머니로부터 선생님께서 이미 돌아가셨다는 이야기를 들었어요. 제가 충격을 받을까 걱정돼 그제야 알려주신 거죠. 한 3일을 이불을 뒤집어쓰고 밤마다 울었어요. 한의대에 합격하면 제일 먼저 찾아뵙고 인사드리려고 했는데 이미 늦어버린 거죠. 미리 찾아뵙지 못해 안타까웠던 그 일이 지금도 많이 생각나네요.

편 어렸을 때 꿈은 뭐였나요?

안 어린 시절의 꿈이 뭐였는지 물어보면 보통 어떤 직업을 갖고 싶었는지 얘기하더라고요. 그런데 전 어떤 일을 하고 싶다는 생각보다는 그저 마음 편히 살고 싶다는 생각을 많이 했어요. 당시엔 정보가 턱없이 부족해서 어떤 직업들이 있는지 구

Job
Propose 14

체적으로 알지도 못했고요. 대통령이나 과학자, 선생님, 회사원 같은 직군이 다였죠. 지금처럼 이렇게 다양한 직업이 있다고는 생각지 못했어요. 그래서 꿈이 뭐냐고 물어보면 아버지처럼 회사원이 되어 마음 편히 살고 싶다고 했죠. 어려서부터 마음의 안정과 몸의 편안함을 중요하게 생각해서인지 지금까지도 마음이나 몸이 불편한 분을 보면 그분의 아픔에 더 공감하게 되고, 어루만져주고 싶다는 생각을 해요. 그러한 마음이 저를 이 자리까지 끌고 오지 않았나 싶네요.

편 꿈꾸던 것을 이루고 있다고 생각하세요?

안 여전히 마음의 평안을 꿈꿔요. 지금 온전히 편안하지는 않거든요. 그래도 최소한 그에 다다르기 위한 실마리는 잘 찾아가고 있는 중이죠. 앞으로도 한의사라는 직업이 제게 주는 큰 행복감을 충실히 느끼며 보람 있는 삶을 살고 싶어요.

편 언제부터 이 직업에 관심이 있었나요?

안 고등학교 2학년 때 친했던 친구의 꿈이 한의사였어요. 그 친구 덕에 한의사에 대한 정보도 얻고 이야기할 기회도 많았죠. 그러면서 관심이 점점 생겼어요. 그렇지만 그 당시 저는 한의학보다는 동양철학에 더 끌렸어요. 수업이 일찍 끝나는 날이면 중고서점에 들러 고문학과 동양고전들을 읽곤 했죠.

편 한의사로의 진로는 어떻게 결정하게 되었나요?

안 아버지가 퇴직을 하셨는데, 그때부터 미래에 대한 불안감이 싹트기 시작했어요. 아버지의 직장을 안정적이라고 생각했는데 그게 아니란 걸 알게 되었죠. 그래서 회사원이나 엔지니어가 되고 싶었던 꿈이 한의사로 바뀌었어요. 그 시기에 부모님 두 분이 연달아 수술을 하시고, 동생도 폐 질환을 앓았는데 그런 부분 역시 안정적이면서도 건강을 지키는 일에 관심을 가진 이유가 되었죠.

편 어떤 과정을 거쳐 이 직업을 갖게 되었나요?

안 우선 한의대에 진학한 후 학과과정을 이수하며 인체에 대한 기본지식과 의학을 익혔어요. 한의예과 2년, 한의본과 4년 과정이었죠. 대학을 졸업하고 바로 국가고시에 합격해서 두 달 정도 후에 한의사 면허가 나왔어요. 약 한 달 후에는 선배님이 일하던 직장에 취업해 그 선배님이 하던 일을 이어 하며 사회에 첫발을 내디뎠죠.

한의대 졸업 동기 모임

편 진로 선택 시 중요하게 생각한 것은 무엇인가요?

안 안정적인 직장인지와 주변의 간섭에서 자유로운지가 가장 중요한 기준이었어요. 한의사란 직업은 건강이 허락하는 한 오랫동안 할 수 있는 일이었고, 상사도 없으니 제 신념대로 일할 수 있는 자유로운 직업이라고 생각했어요.

편 직업을 선택하는데 영향을 준 책이나 영화가 있을까요?

안 당시에 소설 『동의보감』을 원작으로 한 드라마 〈허준〉의 인기가 굉장했어요. 더불어 한약이나 한의사란 직업에 대한 인식도 매우 우호적이었죠. 그런 현상을 보면서 한의사가 사람들에게 사랑받는 직업이라는 느낌을 강하게 받았어요. 결정적인 계기는 아니었지만 제 선택에 확신을 더해준 작품이었어요.

편 오랜 기간 이 일을 해오셨는데 현재의 삶에 만족하시나요?

안 한의대에 입학한 후 지금까지 많은 시간이 흘렀네요. 잔뜩 긴장해서 첫 진료를 봤던 게 엊그제 같은데 말이에요. 그동안 곡절이 몇 번 있었지만 마음만은 한결같았어요. 일과 삶에 있어 만족도도 높고요. 앞으로도 전문가로서 새로운 지식을 받아들이는데 주저함이 없고, 사람들을 치료하는데 있어서는 초심 그대로의 따뜻한 마음으로 다가가고 싶어요.

편 한의사 시험에 합격한 뒤 첫 진료 때 무슨 생각이 들었나요?

안 부모님 생각이 많이 났어요. 제 뒷바라지하시느라 고생을 많이 하셨죠. 대학 때는 과외 아르바이트를 하면서 학비나 생활비를 보탰지만, 부모님의 도움이 아니었다면 쉽지 않은 대학 생활을 보냈을 거예요. 오랜 기간 저를 위해 애쓰신 부모님을 떠올렸고 두 분의 사랑에 감사하기도, 죄송하기도 했어요.

📧 자녀가 있다면 권할 만한 직업인가요?

📧 제가 하는 이 일뿐만 아니라 아픈 사람들을 보살피는 모든 일은 숭고한 일이라고 생각해요. 이 길을 선택한 것에 항상 감사하게 생각하고 있고요. 그러니 자녀가 저와 함께 이 길을 걷게 된다면 정말 행복할 것 같네요.

📧 그밖에 관심을 가지고 활동하는 분야나 새롭게 도전해 보고 싶은 것이 있으신가요?

📧 사회적 약자를 배려하는 일에 관심이 있어요. 우리 사회에는 여전히 소외당하는 분들이 많아요. 그분들이 목소리를 내고자 할 때 도움을 주는 시민단체가 있는데, 거기서 조언가로 활동하고 있어요. 교통사고를 크게 겪은 후에는 교통사고 피해자의 회복 지원 활동도 돕고 있고요.

그리고 제 일과 관련해서는 우리의 몸에서 보내는 신호들을 감지해 내고 감정의 상처를 치유하는 일에 흥미를 느껴요. 그 신호들을 좀 더 섬세하게 감지해 내는 일, 감정에 입은 상처의 치유를 통해 몸의 치유를 돕는 일에 도전하고 싶어요. 그런 관심과 도전을 통해 궁극적으로는 아픈 분들이 빨리 나을 수 있는 가장 좋은 방법을 찾기 위해 노력하는 한의사가 되었으면 좋겠어요.

편 마지막으로 한의사를 꿈꾸는 청소년들에게 하고 싶은 말이 있나요?

안 꿈꾸는 것은 누구나 할 수 있지만, 꿈을 이루는 것은 누구나 할 수 없어요. 자신만의 꿈을 이루기 위해 하나하나 단계를 밟아가는 것조차 쉬운 일이 아니죠. 한의사라는 말만 들어도 가슴이 뛰는 사람이라면 분명 이 일을 향한 뜨거운 열정을 가진 사람일 것 같아요. 그 꿈에 다가가기 위해 우선 한의대 진학이라는 목표를 명확히 세우고 그 길로 가기 위한 구체적인 로드맵을 그려보세요. 그리고 나아가세요. 내가 서있는 단계에서 벽이 보인다면 벽을 허물 가장 좋은 방법을 궁리해가며 차근차근 다음 단계로 나아가야 해요. 단계마다 구체적인 목표가 있고, 그 목표를 향한 노력을 멈추지 않는다면 여러분은 꿈을 이룬 사람들 중 한 사람이 되어 있을 거예요. 여러분이 이룬 그 꿈은 숭고하며 가치 있는 일일 거고요.

청소년들의 진로와 직업 탐색을 위한
잡프러포즈 시리즈 14

우리 인체가 궁금하다면
한의사

2024년 6월 1일 | 개정판 1쇄

지은이 | 안수봉
펴낸이 | 유윤선
펴낸곳 | 토크쇼

편집인 | 박가영
디자인 | 김경희
마케팅 | 김민영

출판등록 2016년 7월 21일 제2019-000113호
주소 서울시 마포구 월드컵북로 98, 202호
전화 070-4200-0327
팩스 070-7966-9327
전자우편 myys327@gmail.com
ISBN | 979-11-92842-81-3 (43190)
정가 | 15,000원